中国劳动关系学院
青年学者文库

新时代大学生思想政治教育接受过程研究

Study on the Reception Process of
Ideological and Political Education for
University Students in the New Era

谭丙华　著

社会科学文献出版社
SOCIAL SCIENCES ACADEMIC PRESS (CHINA)

自　序

　　本书是笔者在博士学位论文的基础上修改而成。习近平总书记指出，"做好高校思想政治工作，要因事而化、因时而进、因势而新。要遵循思想政治工作规律，遵循教书育人规律，遵循学生成长规律"①。新时代大学生置身"现实与虚拟"双重空间，独立思维和主体意识越来越强，确保思想政治教育入脑入心，提升获得感是新时代赋予的崭新课题。

　　接受问题是大学生思想政治教育研究的关键问题，既是研究的起点，又是研究的终点。在时代转换、社会转型、体制转轨的大背景下，大学生本身、大学生思想政治教育环境都发生了深刻变化。用传统、习惯、固化的思维方式对大学生开展思想政治教育已显钝性与乏力。大学生思想政治教育必须走科学发展之路，从接受过程反观施教过程，进而优化施教过程，以提高大学生思想政治教育的实效性。在研究过程中，本书首先界定大学生思想政治教育接受过程的内涵，分析大学生思想政治教育接受过程的运行状况。在此基础上，通过实证调研的方式厘清大学生思想政治教育接受过程中存在的问题，并深入探析影响大学生思想政治教育接受过程的因素，最后提出大学生思想政治教育接受过程的优化策略。

一　博士学位论文出版的台前幕后

　　本书的前身是笔者的博士学位论文《军校大学生思想政治教育接受过

---

① 《习近平谈治国理政》（第二卷），外文出版社，2017，第378页。

程研究》。2016 年，博士学位论文定稿、答辩、通过，一个阶段的完美落幕，如释重负却又惴惴不安，如释重负之感对于经过博士阶段历练的学人而言自无须多言；惴惴不安主要是对博士学位论文不够自信，总感觉撰写有投机之嫌。

1. 关于题目选择

一是军校大学生作为研究的目标群体。硕士求学阶段，现场聆听了大量开题报告会、论文答辩会、课题论证会、学术报告会等，这一过程深受启发，对于如何进行论文选题、撰写中如何规避问题、如何架构论文的框架等有了初步掌握。受益于此及工作之因，自然选择了具有相对新颖性的军校大学生作为论文研究的样本群体。二是关于接受过程。源自个人研究旨趣，在探索思想和行为逻辑关联的过程中，对人思想本身的研究产生了浓厚兴趣，尝试提出了潜在思想的命题，并据此撰写了硕士期间的课程论文，得到了西南大学马克思主义学院董娅教授的肯定和鼓励，从此这个概念就一直萦绕在脑海中。此外，在与心理学专业的同学、朋友交流中，不免会涉及心理咨询、脑科学的知识。比如，如何改变一个人的认知，这个认知转变的脑机理是什么，咨询关系如何构建，咨询师如何科学引导才能带领来访者走出心理困境等，这些内容为开展思想政治教育接受过程的研究提供了视角和思路。

2. 一个关键问题

研究军校大学生思想政治教育接受过程，核心问题是破解接受到底是一个什么过程，参阅大量资料之后，总感觉不够通透精到，笔者逐步陷入苦思冥想之中。依稀记得经常出现在脑海中的几个问题：接受的生理基础是什么，接受的动力基础是什么，接受遵循什么样的路径，接受有哪些关键环节，大脑择取信息的标准是什么，信息进入大脑之后怎么存储，接受有无层次性，接受有无规律性等。当然，还会考量该用一个什么标题来统领这些内容。甚至还会引发一些无厘头的思考：为什么要这样创新思想政治教育方法？依据是什么？如何确定这些方法接受者会买账？甚至产生这样的想法：不去研究接受者的需求而主观想象的所谓内容创新、方法创新都是自说自话、自娱自乐。困顿、迷茫交织，希望、失望并存，近一个月的时间，两点一线，家到国图，读书思考，每每有点思路，往往又会被快速否定，如此往复，无以言表、憋闷难纾。走到至暗是光明，不怕死亡会重生。最终灵感突发，用思想政治教育接受过程的运行分析统领思考内容，并以此为题撰写学术论文，在核心期刊《思想教育研究》上成功发表，实现了人生的学术突破，想来也是幸运。

3. 从封存到开启

各种缘由，论文在后续的撰写中草草了事，总觉得可资借鉴的地方太少，就没有考虑出版这一问题。此外，博士学位论文是对自己学术生涯的总结，出版事宜自然慎之又慎。近年来，笔者对于思想政治教育接受这一问题有了一点新的体会，特别是对思想政治教育接受效果的评估和新媒体境遇下思想政治教育者面临的话语困境问题，也有了一些新的思考，于是把这些研究成果与原有博士学位论文进行融合，从而有了出版的冲动。

二 关于这本专著的阅读提要

防止浪费读者宝贵的时间，自序中笔者专门撰写了阅读提要，请读者务必看一下。笔者认为，这本专著有两处值得仔细阅读，有两处值得深入思考。

1. 关于特征的研究思路

特征是事物内在本质的外显化，事物的本质通过特征进行确认。特征从学理的角度讲，指事物成为它自身并使该事物同其他事物区别开来的内在规定性，是事物不同于其他事物内在本质的外在表现，通过与其他事物的比较表现出来。现实中，我们在探讨一个主题的特征时，不同学者的观点经常会有较大差异，可谓"公说公有理，婆说婆有理"，究其本源是对特征本身缺乏必要的考量。本书提出了关于特征的研究思路。一是明确研究主题的时空场域。分析特征时，如果研究主体涉及时空场域，需要基于常识逻辑，找准比对的恰当时空场域，不宜过于久远，如果与原始社会比对，显然没有意义。同时也不易过近，如此很难找出其中不同点，也就无所谓特征。二是剖析研究主体的内部矛盾。事物的"质",或事物自身的确证,抑或事物的边界,主要取决于事物的内部矛盾。因此,特征的研究要聚焦内部矛盾。三是确定研究对象的类比对象。类比对象需要首先交代清楚,否则就会陷入自说自话的尴尬。按照一般的常识推定,一般将大学生与相近年龄的非大学生青年群体进行比对。四是确定思想政治教育内容的类比对象。接受内容是接受过程的限定要素,体现接受过程的独有特征,论题中思想政治教育作为接受内容,类比对象可以选定道德接受、知识接受、财物接受等。五是逐级推延研究主题的特征。接受过程本身具有独特的表征,相对于思想政治教育接受过程和大学生思想政治教育接受过程具有更高的抽象性,研究中首先需要明确接受过程的特征,在此基础上遵循推导逻辑,确保科学性和严谨性。本书以新时代大学生思想政治教育接受过程为例进行分析,具有一定的参阅价值。

2. 关于接受过程的运行流程

人的思想观念从何而来?既非先天固有,也非外部授予,而是人们在社会实践中不断择取外部信息进行主观建构的结果。该部分深入思考了大学生思想政治教育接受过程的运行流程,力求研究的精细化和完整性,本书提取出运行前提、运行动力、运行线路、运行过程、运行阶段、运行机制、运行规律、效果测评八个基本问题,粗线条勾勒了大学生思想政治教育接受过程发生、发展的运行态势,对分析相关问题具有通约性的导引作用。这一部分基本涉及思想政治教育接受过程的方方面面,有的问题提出来,做了初步的阐释,有的问题提出来,没有回答得很好,需要进一步将研究引向深入。关于这一问题,特别需要生理学和脑科学的研究成果作为支撑。

3. 关于问卷和题目反思

问卷编制是一项专业性要求极高的学术工作,在心理学、教育学等学科研究中,会将问卷编制作为独立的科研题目。从既有研究看,思想政治教育的调研,问卷设置缺乏科学性和严谨性,影响了数据的说服力。借鉴其他学科的研究方法,是促进思想政治教育创新发展的重要路径。

思想政治教育说到底是做"人"的工作,如果单向度地在"人"的外围发力，投入巨大的人力、物力、财力，却不将重心放到"人"本身，势必会产生脱节和错位，造成资源的极大浪费，轰轰烈烈却收效甚微。基于此，提出追问，既然理论本身是科学的，按照正常的推导逻辑，在施教过程中，自然不费气力，收到应然之效。实则并非如此，再次追问：是施教者水平不够、硬件设备不行、教育方法落后、社会环境制约等，还是其他。追加追问：哪一个是关键致因？为何要改进教学方法？基于什么逻辑进行了这样的改进？诸如此类的问题，最终指向"人"本身。因此，从真实的"人"本身而不是从抽象的、假想的"人"出发，剖析接受机理，据此优化思想政治教育施教过程的相关要素，不失为一条可资深入探索的分析路径。我想，确定此选题的意义，不仅在于著作本身，如果能将研究视角切实向真正的"人"本身转移，善莫大焉！

三　我与思政专业的四十余年

20 年前，在沂蒙山区，有一个懵懂的少年，经历了高考，面对志愿填报，基于朴素的观念，带着满心的天真，第一志愿选择了法学，考虑到政治和历史所具有的文科独有属性，遂第二、第三志愿填报了政治教育和历史教育。也许缘分天注定，大学志愿最终被调剂到思想政治教育专业。虽带有些许不甘，却又从未回头。

我是 1984 年生人。思想政治教育学科在经过科学化论证之后，从 1984 年开启了学科化发展历程。学科发展的第一个 20 年，2003 年我考入大学，开始接触这个专业。学科发展的第二个 20 年，2023 年我已是读完思想政治教育专业的学士、硕士和博士，并从事思想政治教育专业的教学科研工作，可谓感慨颇多。思想政治教育学科从 1984 年招收本科到 1987 年招收硕士再到 1997 年招收博士，逐渐形成了人才培养的完整层次。思想政治教育专业学人，辛勤耕耘，开拓创新，构建学科框架体系，促进学科的精细发展，奠基了学科的厚重基石。应该说，笔者赶上了一个思想政治教育学科快速发展的时代。

初识的羞涩。我被调剂到了思想政治教育专业，当时比较热门的专业有国际贸易、计算机、法学等，每每亲朋好友问及所学，一度不好意思开口，也曾为此懊恼不已。当时，对专业认知比较浅显，认为思想政治教育专业不专业，谈政治不及政治学，谈教育不如教育学，谈思想又不如心理学。深深记得，当时困惑不已，想转到法学专业。我将自己的想法讲于系主任朱秀英老师，系主任的一席话对我后来的学业选择影响深远，大致是讲了法学专业与思想政治教育专业的发展前景，并鼓励我留在思想政治教育专业，以后继续深造攻读硕士研究生等。在马克思主义学院蓬勃发展的今天，回想当初的选择、当初的对话，想来也是庆幸，由衷地感谢朱秀英老师。

再识的开悟。大学阶段，其实对思想政治教育专业本身不甚了解，只是学习了大量的相关课程，浏览了喜欢的期刊文献，还为备考精学了陈万柏、张耀灿的《思想政治教育学原理》一书。2007年，如愿以偿开始了硕士阶段的学习，在导师黄蓉生教授的指导下，真正开始了解这个专业，专业的发展历程，专业的知识借鉴，专业的研究前沿，以及代表性的书籍、代表性的人物、代表性的观点，论文的撰写、论文的答辩，课题的申报、课题的论证等，明确了学科归属，开启了学术训练，树立了学科自信。

深识的反思。硕士毕业后随即开启了工作生涯，尽管工作的内容与专业有一定差距，但也高度相关。工作之余，念念不忘的还是导师的教诲，还有那放不下的思想政治教育专业。最终，经过两年的努力考取了思想政治教育专业的博士研究生，师从柯文进教授，开始更为系统的学术训练，也开启了让人又爱又恨、想放弃又不舍、混沌中挣扎的求索之路。修炼到位了，成功还能远吗？2016年，博士如期毕业，毕业之后就再没有与思想政治教育专业分开。如今，我作为一名高校思政课老师，面对一届又一届青涩的面孔，想到自己当初的模样，我会把老师讲给我的话讲给你听。

谭丙华

2024年10月25日

目录
CONTENTS

绪　论

习近平总书记指出，"做好高校思想政治工作，要因事而化、因时而进、因势而新。要遵循思想政治工作规律，遵循教书育人规律，遵循学生成长规律"[①]。新时代大学生置身"现实与虚拟"双重空间，独立思维和主体意识越来越强，确保思想政治教育入脑入心，提升获得感是新时代赋予的崭新课题。思想政治教育接受过程作为学科的元问题，厘清新时代大学生思想政治教育的接受过程，既是深化思想政治教育基础研究的理论诉求，更是提高思想政治教育实效性的现实要求。

一　问题提出

（一）立心立魂：高度重视新时代的意识形态工作

党的二十大报告指出："意识形态工作是为国家立心、为民族立魂的工作。"[②] 新时代，新媒体的迅速崛起给网络意识形态工作带来深刻影响，各种错误社会思潮不时出现，低俗、暴力、虚假等不良信息乱象丛生，这在很大程度上影响着人们的思想观念，进而影响着思想政治教育接受活动的顺利进行。党的十八大以来，以习近平同志为核心的党中央高度重视新媒体建设，从正本清源入手，多次在不同场合阐述新媒体的重要性。

[①] 《习近平谈治国理政》（第二卷），外文出版社，2017，第378页。

[②] 习近平：《高举中国特色社会主义伟大旗帜　为全面建设社会主义现代化国家而团结奋斗——在中国共产党第二十次全国代表大会上的报告》，人民出版社，2022，第43页。

2013 年，在全国宣传思想工作会议上，习近平总书记指出："尽快掌握这个舆论战场上的主动权，不能被边缘化了。"① 2015 年 12 月 25 日，习近平总书记在视察解放军报社时强调："受众在哪里，宣传报道的触角就要伸向哪里，宣传思想工作的着力点和落脚点就要放在哪里。"② 2016 年 12 月 7 日，习近平总书记在全国高校思想政治工作会议上指出："要运用新媒体新技术使工作活起来，推动思想政治工作传统优势同信息技术高度融合，增强时代感和吸引力。"③ 2019 年 1 月 25 日，习近平总书记在主持中共十九届中央政治局第十二次集体学习时指出："网络空间已经成为人们生产生活的新空间，那就也应该成为我们党凝聚共识的新空间。"④ 党的二十届三中全会指出："要加强舆论引导，有效防范化解意识形态风险。"⑤ 这些重要论述高屋建瓴地强调了新媒体的重要性，同时，也为新时代大学生思想政治教育如何在新媒体的影响下做到守正创新指明了前进方向。

（二）形势挑战：急速发展的现实渐趋固化的理论

新时代全媒体不断发展，出现了全程媒体、全息媒体、全员媒体、全效媒体，信息无处不在、无所不及、无人不用，舆论生态、媒体格局、传播方式发生了深刻变化，以"两微一端一抖"为代表的微传播，打造了 5A 级的传播环境。

第一，信息海量共享。新媒体突破了传统媒体对信息的传播局限和承载限定，让我们快速步入信息爆炸时代。基于信息内容的海量共享、获取方式的即时便捷，高校思政课教师话语的神秘感、新鲜度已被网络提前曝光和释放，教师的"知识储量"优势和"闻道在先"优势已不复存在。高校思政课教师话语被海量信息稀释和淹没，话语主导力被削弱。

---

① 《习近平关于网络强国论述摘编》，中央文献出版社，2021，第 51 页。
② 《习近平在视察解放军报社时强调 坚持军报姓党坚持强军为本坚持创新为要 为实现中国梦强军梦提供思想舆论支持》，《人民日报》2015 年 12 月 27 日，第 1 版。
③ 《习近平谈治国理政》（第二卷），外文出版社，2017，第 378 页。
④ 《习近平谈治国理政》（第三卷），外文出版社，2020，第 318 页。
⑤ 《中共二十届三中全会在京举行》，《人民日报》2024 年 7 月 19 日，第 1 版。

第二，话语多元共生。网络赋权背景下，"传播基站"多元化，把关人机制失灵。各种社会思潮、政治观点、道德观念在虚拟世界纷至沓来，自上而下的一元话语被多元话语取代，迎合了学生多样化需求。

第三，内容无所不包。移动新媒体集通信、媒介、生活于一身，功能完备，内容丰富，深受大学生喜爱。虚拟空间作为大学生的第二活动空间，大有超越第一活动空间（现实空间）之势，网络化生活成为常态。同时，移动媒体突破了时空限制，任何人可以在任何时间、任何地点利用网络媒体满足任何个性化需求。相反，高校思政课教师话语内容的单一性与大学生的多样化需求产生背离，话语吸引力降低。

第四，表达生动犀利。网络内容借助新媒体技术进行立体包装，实现文字+图片+声音+动作的丰满呈现，通过新奇、夸张、生动甚至恶搞、谄媚、低俗的手法，有效刺激感官，吸引注意力。伴随 5G 通信的发展，万物实现互联，传播速度更快，网络短视频将成为发展趋势。置身其中，青年大学生长期处于情绪唤醒状态，话语刺激的耐受性提高。相反，高校思政课教师缺乏对教育内容的包装意识，基本停留在文字+图片的初级阶段，表达中规中矩，对青年大学生难以形成吸引力。

第五，推送个性精准。新媒体时代点对点的互动传播实现了信息的交互性，克服了传统点对面线性传播的弊端——对方是谁？有何期待？如何反应？基于信息交互建立的大数据，能够迅速锁定网络用户的年龄、性别、职业、爱好和习惯等，实现信息推送由"全面轰炸"转向"精准打击"。长此以往，这容易使大学生置于"信息茧房"，难以拓宽视野，难以培育共同价值观。但网络信息的"靶向推送"迎合了个性化需求，大学生对此乐此不疲。相反，高校思政课教师话语以点对面的太阳射线式传授为主，效果靠覆盖，见物不见人，针对性不强，吸引力不足。

信息共享的话语场域、多元共生的话语观点、生动犀利的话语表达与质疑权威、崇尚个性、以自我为中心的青年大学生交互影响。置身其中，高校思政课教师传统自上而下话语流动模式被打破，话语的关注度、解释力、权威性等面临解构危机。

第一，话语的关注量流失，深陷"自说自话"的尴尬。移动新媒体时代，教育主体课堂教学的首要任务是同各类媒体争夺学生的关注度和注意力，这是发挥话语效能的前提。现实中，教师慷慨激昂、传道授业，部分学生低头刷机、不亦乐乎的讽刺画面屡见不鲜，"大屏冷、小屏热""身处同一室、心在四方游"的现象司空见惯。同时，一些大学生将思政课作为英语学习课、专业补习课、放松休息课，甚至用来打游戏、追剧等。从一定程度上讲，教育主体的作用客体"名存实亡"，陷入"自说自话"的尴尬处境。

第二，话语的解释力不足，直面"应答无力"的困局。移动新媒体时代，各种社会问题、现象、话题被刨根问底式追问、别有用心式解读、一时口快式评论，并借助新媒体平台实现一键转发、复制裂变，对以青年大学生为代表的"网络原住民"影响深远。面对线上线下的各种非马观点、青年大学生的困惑，必须作出积极回应和科学解答。教育主体囿于时间精力、知识背景，对新鲜问题的关注不及时、不全面，对复杂问题的分析不到位、不深刻，致使应答准备不充分、回答结果不走心，造成"应答无力"的困局。

第三，话语的控制力减弱，遭遇"权威质疑"的危机。移动新媒体时代，信息传播突破时空限制，传统思政课堂师生信息不对称的状况已不复存在。面对任何一个教学主题、学术观点、历史事件，接受主体既可以迅速通过慕课观看知名专家讲授、利用知网查阅相关学术观点争鸣、借助百度搜索了解事件起因经过，也可以在网络空间随意浏览到肆意夸大的社会问题、别有用心的反动言论、任意歪曲的历史史实……而这些包装精美、混淆视听、笔锋犀利的非主流观点在习惯性质疑的大学生群体中颇有市场。如此一来，教育主体既面临多元话语体系的严峻挑战，又面临学生对思政课堂依赖度降低的客观现实，话语的控制力减弱，权威性遭遇危机。

现实的变化呼吁理论的应答。我国思想政治教育产生并发展于革命战争年代和计划经济时期，面对新的时代条件、新的教育对象、新的目标任务，思想政治教育存在应答乏力、效果不佳的问题，主要表现为：思想政治教育不乏战争时期的施教经验，缺乏和平时期的施教经验；不乏计划经济条件下的施教经验，缺乏社会主义市场经济条件下的施教经验；不乏价值一元状况下的施教经验，缺乏价值多元状况下的施教经验；不乏信息主导情况下的施教经验，缺乏信息对等情况下的施教经验；不乏生活艰苦条件下的施教经验，缺乏生活富足条件下的施教经验；不乏多子女状况下的施教经验，缺乏单一子女状况下的施教经验。新时代，高校思想政治教育如何确保在众声喧哗中自己的声音最响亮，在众说纷纭中自己的话语最可信，如何对思想政治教育的传统进行继承、扬弃，使之以更新的面貌、更强的活力，实现思想政治教育内容入心、入脑，使大学生做到真学、真懂、真信、真用，增强思想政治教育实效，则成为一个十分困难而又必须积极应对的理论课题。

（三）接受问题：大学生思想政治教育的关键问题

人的思想观念从何而来？既非先天固有，也非外部授予，而是人们在社会实践中不断择取外部信息进行主观建构的结果。思想政治教育的接受过程实质上就是接受主体的建构过程。建构的复杂性、隐蔽性、不确定性决定了问题研究的必要性。第一，复杂性。研究思想政治教育接受过程，首先必须回答如下问题：接受何以成为可能？接受遵循什么流程？接受过程各环节间有着怎样的逻辑关联？接受过程有哪些积极因素和障碍因素？如何优化接受过程？由此可见，所呈问题极具复杂性，研究难度大，需要多学科的理论协同解答。第二，隐蔽性。思想政治教育接受过程在"黑箱"中进行，看不见、摸不着，具有隐蔽性，这加大了问题研究的难度。因此，需要借鉴相关学科成熟的研究成果，确保研究的严谨性。第三，不确定性。受主客观因素的影响，思想政治教育接受过程极具不确定性，造成理论研究的困难。比如，同样的教育内容针对同样的受众，在不同的场景、不同的时段会取得不同的教育实效。同样的教育内容针对不同的受众，在相同的场景、相同的时段会取得不同的教育实效。

现阶段，大学生思想政治教育的理论研究存在如下问题。第一，逻辑倒置。开展大学生思想政治教育，首先要深入研究大学生思想政治教育接受过程，厘清大学生思想政治教育接受过程的影响因素，在此基础上确定大学生思想政治教育的施教策略，这是提高大学生思想政治教育实效性的逻辑必然。受传统"白板论""理性论"等接受观念的影响，大学生思想政治教育研究重视教育主体，忽视接受主体；重视教育活动，忽视接受活动。对思想政治教育接受过程不清楚、不明确，致使教育的针对性低，实效性差。部分理论工作者虽然开始把目光转向接受过程的研究，但研究不够系统，不够深入。第二，重点偏向。逻辑倒置必然导致研究的重点偏向，目前大学生思想政治教育研究重点集中在如何开展思想政治教育，对接受主体的研究停留在表面，强调重要性，缺乏深层次理论研究。比如，接受主体的能力、气质、性格是否在思想政治教育接受过程中有影响？有多大的影响？对于这些问题的研究还不够深入。第三，依据缺乏。没有理论支撑的实践是乏力的。"理论武装的作用不仅在于直接指向具体的实践，还在于它能科学地预见未来，为人们提供理想、信念和价值导向，从而提升人的境界，开阔人的视野，影响人的思维方式，并积极地反作用于实践。"[①] 列宁曾经明确阐明："没有革命理论，就不会有坚强的社会党，因为革命理论能使一切社会党人团结起来，他们从革命理论中能取得一切信念，他们能运用革命理论来确定斗争方法和活动方式。"[②] 思想政治教育同样离不开科学理论的指导，理论的缺乏必然导致在面对实践追问时，或答非所问、不知所云，或停留表面、蜻蜓点水。比如，为什么要创新思想政治教育方法？为什么要提高教育主体的人格魅力？为什么要优化思想政治教育环境？看似简单的不用回答的问题，真正做出深入解答并不容易。

因此，深入研究大学生思想政治教育的"受"教过程，夯实思想政治教育的理论基础，进而优化大学生思想政治教育的"施"教过程，实现"授受共振"，是提高大学生思想政治教育实效性的必然进路。

二 研究意义

新时代背景下，深入研究大学生这一群体思想政治教育接受过程具有重大理论意义和实践意义。

---

① 李俊伟：《理论的基本效能与理论武装群众的基本路径分析》，《中共中央党校学报》2013年第1期。
② 《列宁选集》（第1卷），人民出版社，1995，第274页。

（一）理论意义

一是开拓思想政治教育理论的研究思路。从思想政治教育学与认知心理学以及传播学的角度，探索教育信息、认知图式、网络传播3.0模式三者的互动关系，有助于催生新的学术生长点。

二是深化思想政治教育学科的基础理论。探索思想政治教育接受过程的运行启动、主要环节、实施阶段、内在机理、效果评估，打开思想政治教育的接受"黑箱"，有助于深化学科的基础理论。

（二）实践意义

恩格斯说，"历史从哪里开始，思想进程也应当从哪里开始，而思想进程的进一步发展不过是历史过程在抽象的、理论上前后一贯的形式上的反映"[1]。思想来源于实践，归根结底还是要回到实践，指导实践。

首先，切实剖析大学生思想政治教育接受过程的症结缘由。"伴随着互联网一同成长起来的时代新人。'00后'大学生大多出生于四二一或四二二式家庭，成长于移动互联网发达、物质条件优越、精神文化丰富的时代，这使得他们具有理想信念不够坚定，思想认知不够成熟，人格相对独立自主的群体特点。"[2] 对大学生思想政治教育接受过程进行研究，从主客观角度系统分析上述问题产生的原因，有利于切实剖析大学生思想政治教育接受过程的症结缘由。

其次，准确把握大学生思想政治教育的施教重点。思想政治教育理论研究的最终目的是促进思想政治教育实践的顺利进行。目前思想政治教育，常常存在着"投入"大于"产出"和只见"投入"不见"产出"的现象，究其缘由是对思想政治教育的施教重点把握不准，做不到有的放矢。本书通过研究大学生思想政治教育的"接受过程"反观"施教过程"，对于高校精准

---

① 《马克思恩格斯选集》（第2卷），人民出版社，1995，第43页。
② 贾倩、王杰：《基于'00后大学生特点的'95后辅导员工作开展路径》，《西部素质教育》2024年第15期。

把握教学重点、合理安排教学内容、科学设置教学课程、有效选取教学方法具有重要的意义和价值。

最后，有效扩大大学生思想政治教育的覆盖范围。思想政治教育从本质上讲是"主观见之于客观"的对象性活动，实践性是思想政治教育理论形成的源泉和指向。思想政治教育理论辐射范围的大与小，掌握群众的多与少，教育效果的优与劣，接受效果的好与坏，直接关系到思想政治教育理论作用效能的发挥。这实质是理论掌握群众、理论指导实践的运用环节，聚焦实践、关注实践、服务实践是思想政治教育接受的鲜明特色。毛泽东在《实践论》中指出："认识的能动作用，不但表现于从感性的认识到理性的认识之能动的飞跃，更重要的还须表现于从理性的认识到革命的实践这一个飞跃。"① 本书聚焦大学生思想政治教育接受过程，能够有效扩大大学生思想政治教育的覆盖范围。

三 研究综述

思想政治教育 1984 年作为一门学科正式建立，自此，关于思想政治教育理论的研究不断深入。思想政治教育接受过程作为思想政治教育学的元问题，深受理论界和学术界的关注，特别是思想政治教育实效性的研究兴起之后，思想政治教育接受过程的研究再度成为学者的聚焦点，并取得了丰硕的研究成果。

（一）文献统计分析

文献是问题研究现状的呈现。对文献进行统计分析，可以在一定程度上明确问题研究的风向标、聚焦点、成熟度，是问题研究的重要一环。本书文献的统计将从期刊论文、博硕学位论文和相关著作三个角度展开，力求全面精确。在文献统计的基础上深入分析目前关于这一问题的研究脉络、研究特

---

① 《毛泽东选集》（第 1 卷），人民出版社，1991，第 292 页。

点、研究动态、研究指向，为进一步研究打好基础、做好准备。

1. 期刊论文

本书通过中国知网（CNKI）对相关期刊论文进行检索，时间跨度从
1984 年到 2023 年共 40 年的时间，检索时间截至 2023 年 10 月 20 日。第一，
以"大学生思想政治教育接受"为主题进行精确检索，共检索到 1533 篇论
文，其中，核心期刊（除 CSSCI）论文 213 篇，CSSCI 期刊论文 131 篇。以
"大学生思想政治教育接受"为篇名进行检索，共检索到 68 篇文献，其中，
核心期刊（除 CSSCI）论文 12 篇，CSSCI 期刊论文 7 篇。第二，以"思想
政治教育接受"为主题进行精确检索，共检索到 1483 篇论文，其中，核心
期刊（除 CSSCI）论文 297 篇，CSSCI 期刊论文 170 篇。以"思想政治教育
接受"为篇名进行精确检索，共检索到 250 篇文献，其中，核心期刊（除
CSSCI）论文 71 篇，CSSCI 期刊论文 39 篇。第三，以"德育接受"为主题
进行精确检索，共检索到 89 篇论文，其中，核心期刊（除 CSSCI）论文 27
篇，CSSCI 期刊论文 10 篇。以"德育接受"为篇名进行检索，共检索到 18
篇论文，其中，核心期刊（除 CSSCI）论文 5 篇，CSSCI 期刊论文 2 篇。

2. 博硕学位论文

博硕学位论文是对某一问题的系统性研究，在问题的研究中具有举足轻
重的地位，是进一步开展问题研究的重要依托。本书通过中国知网（CNKI）
对相关博硕学位论文进行检索，时间跨度从 1984 年到 2023 年共 40 年的时
间，检索时间截至 2023 年 10 月 20 日。第一，以"思想政治教育接受"为
主题进行检索，共检索到博士学位论文 11 篇，硕士学位论文 100 篇。以
"思想政治教育接受"为题名进行检索，共检索到博士学位论文 9 篇，硕士
学位论文 78 篇。第二，以"大学生思想政治教育接受"为主题进行精确检
索，共检索到博士学位论文 1 篇，硕士学位论文 35 篇。以"大学生思想政
治教育接受"为题名进行精确检索，共检索到博士学位论文 1 篇，硕士学
位论文 35 篇。第三，以"大学生思想政治教育过程"为主题进行精确检
索，共检索到博士学位论文 1 篇，硕士学位论文 6 篇。以"大学生思想政治
教育过程"为题名进行精确检索，共检索到博士学位论文 1 篇，硕士学位

论文 6 篇。

3. 相关著作

著作的出现代表着研究问题的体系化和成熟化，对于该问题著作的研究现状，笔者通过国家数字化图书馆平台，以"思想政治教育接受"全部字段的图书进行文津搜索（文津搜索是国家图书馆核心检索平台，全球用户可以通过此平台直接检索国家图书馆的馆藏书目、自建特色资源、部分外购数字资源，实现馆藏资源的一站式发现与获取），搜索到如下图书资源，见表 0-1。此外，通过对相近问题的检索，可资借鉴的著作如下。1987 年，姚斯在辽宁人民出版社出版的《接受美学与接受理论》。1989 年，胡木贵在辽宁教育出版社出版的《接受学导论》。1994 年，李学英在湖北教育出版社出版的《信息接受论》。1991 年，黄荣村在正中书局出版的《心理与行为研究的拾荒者》。1995 年，张琼在中国社会科学出版社出版的《道德接受论》。1996 年，吴刚在北京大学出版社出版的《接受认识论引论》。2007 年，刘衍玲在人民教育出版社出版的《接受学习与课堂教学》。2007 年，胡林英在社会科学文献出版社出版的《道德内化论》。2011 年，王妍在中国电影出版社出版的《心理学与接受美学》。2011 年，高中建在光明日报出版社出版的《德育走向与德育接受》。2019 年，庄桂成在中国社会科学出版社出版的《中国接受俄国文学论研究》。2019 年，范丽娟在中国社会科学出版社出版的《影响与接受：中英浪漫主义诗学的发生和比较》。2024 年，张蕾在中央编译出版社出版的《政治话语中的隐喻翻译策略和接受度研究》。

表 0-1 思想政治教育接受相关研究书籍一览表

序号	作者	书名	类型	出版社	年份
1	邱柏生	《思想教育接受学》	专著	山西人民出版社	1992
2	李桂芝、葛铁林	《接受教育的理论与方法》	专著	地质出版社	1993
3	赵卫民	《世纪之交青年接受马克思主义教育问题研究》	专著	人民教育出版社	2000

序号	作者	书名	类型	出版社	年份
4	王海平	《军队思想政治教育接受论》	专著	军事科学出版社	2002
5	王敏	《思想政治教育接受论》	专著	湖北人民出版社	2002
6	张世欣	《思想政治教育接受规律论》	专著	上海三联书店	2005
7	刘丽琼	《思想政治理论课教学接受论》	专著	人民出版社	2009
8	赵继伟	《马克思主义意识形态接受论》	专著	武汉大学出版社	2009
9	徐永赞	《思想政治教育接受过程研究》	专著	河北人民出版社	2011
10	屈艳红、任晓勤	《接受视阈下的大学生思想政治教育创新》	专著	光明日报出版社	2011
11	高汝伟	《思想政治理论课教学接受度研究》	专著	东北师范大学出版社	2011
12	徐园媛、廖桂芳、苏洁	《大学生核心价值观教育接受机制构建》	专著	西南交通大学出版社	2011
13	高中建、孟利艳	《德育走向与德育接受—现代性德育研究》	专著	光明日报出版社	2011
14	王丽荣	《思想政治教育接受心理研究》	专著	吉林人民出版社	2013
15	李颖	《基于哲学解释学视角的思想政治教育接受研究》	专著	浙江大学出版社	2013
16	徐园媛、周优文、蓝善康	《大学生思想政治教育心理接受机制构建》	专著	西南交通大学出版社	2013
17	于泉蛟	《思想政治教育接受结构研究》	专著	人民出版社	2015
18	韩巧霞	《大学生思想政治教育接受问题研究——基于文化资本分析方法视角》	专著	知识产权出版社	2018
19	李书华、石丽萍	《新媒体环境下大学生思想政治教育接受机制研究》	专著	知识产权出版社	2019

4. 统计分析

在对相关文献统计的基础上，本书从文献的总体数量、整体质量、分布状况等角度作如下分析。

首先，文献总体数量多。该问题的相关研究时间跨度长，相关文献的总体数量多。在著作方面，从1987年周宁和金元浦翻译姚斯和霍拉勃的《接受美学与接受理论》开始，关于接受方面研究的专著不断问世，从思想政治教育接受这一角度看，主要有以下两个特征：一是从纯理论性研究专著问世到应用性研究专著问世；二是从接受的一般研究到接受的精细化研究。

其次，切题文献整体质量高。衡量文献质量一个重要标准就是核心期刊论文的比重。通过对文献的统计得出，从接受的视角研究思想政治教育的文献虽然数量少，但整体质量高。比如，通过检索中国知网（CNKI）相关论文，时间跨度从1984年到2023年40年的时间，检索时间截至2023年12月20日，其结果如下。以"思想政治教育"为主题进行精确检索，共检索到194562篇论文，其中核心期刊论文28837篇，占期刊论文总数的14.8%。以"思想政治教育接受"为主题进行精确检索，共检索到1487篇论文，其中核心期刊论文297篇，占期刊论文总数的20%。由此可见，从"思想政治教育接受"这一角度展开研究的论文，核心期刊论文所占的比重明显高于思想政治教育的一般性研究。

最后，文献分布不平衡。文献分布失衡主要体现在以下两个方面。一方面，切题文献和边缘文献分布不平衡。该问题的边缘文献至少包括"德育接受""思想政治教育接受""大学生思想政治教育接受"等方面的研究成果。统计发现，边缘文献数量丰富但切题文献数量偏少。另一方面，研究成果各时间段分布不平衡。整体而言，"思想政治教育接受"方面的研究经历了从无到有再到迅猛发展的过程，近10年的研究成果远远超过了之前的30年，研究成果各时段分布不平衡。

（二）国内研究现状

回顾中西思想文化发展史，经典文本有限的话语空间，通过"我"的加工产生了无限的意义世界，其认识论奥妙令人深思，吸引中外学者从接受视角予以考量。

在中国，大一统的封建思想和重社会、伦理、人生问题的思维特征，决定了在认识和接受问题上从未表现出像对西方哲学那样浓厚的兴趣。然而，问题本身的重要性驱使思想家自觉或不自觉地对先贤智语、经典文本、人生经验等进行训诂和注疏，留下了一些关于接受问题的思想资料。基于对文本接受态度和释义方法的不同，形成了"我注六经"的文本接受理论和"六经注我"的诠释接受理论。20 世纪 80 年代，面对道德滑坡的问题，伦理学首先运用接受理论研究道德教化，代表性成果如胡木贵、郑雪辉的《接受学导论》。接受理论 90 年代进入思想政治教育领域，代表性成果如邱柏生的《思想教育接受学》。自此，学界在马克思主义理论指导下，主要借鉴哲学、传播学、心理学等相关理论，对思想政治教育接受的过程、要素、动力、结构、机制、规律、评价等展开了深入研究，相关的著作、论文不断问世，形成了相对完备的理论体系。

新时代大学生的成长伴随社会的深刻变革和新媒体的迅猛发展，接受环境的新变化给大学生认知方式和信息接受习惯带来深刻影响。[1] 网络信息的娱乐性[2]、便捷性、时效性[3]与大学生接受态度正相关，大学生思想政治教育接受的从众心理强烈，[4] 接受结果呈现价值多元样态。[5] 学界探索了新媒体视域下大学生思想政治教育的需求期待[6]、接受机制[7]、接受障碍[8]，重视把关人理论、议程设置理论、培养理论、反馈理论、微信公众号[9]等在大学生思想政治教育接受过程中的应用。

① 任艳妮：《大众传媒环境下大学生思想政治教育传播有效性研究》，博士学位论文，西北工业大学，2015。
② 吕璐：《大学生网络思想政治教育接受的影响因素及优化路径》，《学校党建与思想教育》2017 年第 12 期。
③ 张健：《新媒体环境下大学生接受思想政治教育的特点与教育对策》，《黑龙江高教研究》2019 年第 7 期。
④ 张雷：《基于传播理论的大学生思想政治教育有效接受研究》，博士学位论文，广西师范大学，2014。
⑤ 刘新全：《思想政治教育接受行为研究》，博士学位论文，中国矿业大学，2013。
⑥ 温海霞、孙邵勇：《接受视角转换下提升大学生思想政治教育质量的思考》，《湖北社会科学》2018 年第 10 期。
⑦ 赵明炬：《新媒介文化影响高校思想政治教育接受机制探析》，《黑龙江高教研究》2015 年第 4 期。
⑧ 沈伟：《新媒体时代大学生思想政治教育接受障碍及对策探析》，《江西电力职业技术学院学报》2020 年第 5 期。
⑨ 尹德蓉、王顺双：《高校思想政治教育微信公众号用户接受行为的影响因素研究》，《学校党建与思想教育》2019 年第 23 期。

1. 关于大学生思想政治教育接受过程相关理论借鉴的研究

任何一个问题的研究都离不开相关理论的支撑，大学生思想政治教育接受过程这一问题同样如此。哲学、传播学、心理学、社会学等学科为研究思想政治教育接受过程奠定了雄厚的理论基础。李颖在《基于哲学解释学视角的思想政治教育接受研究》一书中，以哲学解释学为研究视角，从思想政治教育接受系统，思想政治教育接受目的，思想政治教育"前接受"，教育者传导过程中的"主观论释"影响，家庭、社会的诠释影响，思想政治教育的"创造性接受"等六个方面对思想政治教育接受问题展开研究。[①] 王丽荣在《思想政治教育接受心理研究》一文中，运用马克思主义的需要理论、马斯洛的需求层次理论、认知理论、情绪理论分别分析了思想政治教育接受的需要心理、认知心理和情绪心理。[②] 刘新全在《思想政治教育接受行为研究》一文中，提出运用行为科学来研究思想政治教育接受行为具有现实的可行性。[③] 陈晓燕在《思想政治教育可接受性的心理学研究》一文中，分别从教育者心理主导理论、态度平衡理论、态度形成理论、态度转变理论、感知觉心理学理论、群体风气理论、群体成员交往理论等方面对思想政治教育的可接受性进行了分析。[④] 黄玲在《思想政治教育接受机制研究》一文中，提出马克思主义人的主体性理论、交往实践理论、传播学的"有限效果"的受众理论、心理学的建构主义理论和社会学习理论、社会学的政治社会化理论和哈贝马斯交谈理论对研究思想政治教育接受具有重要的启迪和借鉴意义。[⑤] 刘雪梅在《当代大学生思想政治教育接受心理优化策略研究》一文中，提出马克思的主体性理论、接受美学理论、激励理论可以作

---

① 李颖：《基于哲学解释学视角的思想政治教育接受研究》，浙江大学出版社，2013，第 3 页。
② 王丽荣：《思想政治教育接受心理研究》，博士学位论文，吉林大学，2009。
③ 刘新全：《思想政治教育接受行为研究》，博士学位论文，中国矿业大学，2013。
④ 陈晓燕：《思想政治教育可接受性的心理学研究》，硕士学位论文，山东大学，2006。
⑤ 黄玲：《思想政治教育接受机制研究》，硕士学位论文，首都师范大学，2013。

为当代大学生思想政治教育接受心理优化的依据。① 李春霞在《人工智能嵌入思想政治教育接受的运行机制探析》一文中提出，人工智能嵌入思想政治教育接受活动发生发展的全过程，能达到重构思想政治教育接受运行机制的目的。②

2. 关于思想政治教育接受过程的含义及组成要素研究

研究思想政治教育接受过程，首要的任务是厘定思想政治教育接受过程的含义，这是研究的逻辑起点，关系到研究的论域边界。陈秉公教授认为："思想政治教育工作接受过程是指在思想政治教育工作接受过程各构成要素的参与下，接受主体对思想政治教育传导者所传导的接受客体进行选择、加工、内化、外化的连续反应，从而形成社会、阶级或社会集团所期望的思想品德的过程。"③ 张志永认为："接受是接受主体在或然性的时空中，以价值导引的合目的性和合规律性的统一为基础，对接受客体的内化、认同。"④ 黄世虎认为："所谓的思想政治教育的接受是指发生在思想政治教育领域中的特殊的接受活动，它是受教育者（或思想政治教育的接受主体）出于自身的内在需要，而对教育者利用各种媒介所传递的思想文化信息加以反映和择取、整合和内化以及外化和践行的连续的、完整的认识过程。"⑤ 张耀灿等认为："思想政治教育接受是指发生在思想政治教育领域内的接受活动，它反映了思想政治教育接受主客体之间的相互关系，是接受主体出于自身需要，在环境作用影响下通过某些中介对接受客体进行反映、选择、整合、内外、外化等多环节构成的、连续的、完整的活动过程。通过有效的接受，社会和社会群体的一定的思想观念，政治观念，道德规范，就可以被内化为接

① 刘雪梅：《当代大学生思想政治教育接受心理优化策略研究》，硕士学位论文，南京财经大学，2011。
② 李春霞：《人工智能嵌入思想政治教育接受的运行机制探析》，《学术探索》2023 年第 12 期。
③ 陈秉公：《21 世纪思想政治教育工作创新理论体系》，吉林教育出版社，2000，第 198 页。
④ 张志永：《论"接受"的本质》，《江西社会科学》1990 年第 3 期。
⑤ 黄世虎：《论思想政治教育的接受机制》，《求实》2001 年第 5 期。

受主体的品德思想，并外化为品德行为。"① 在后来的研究中，关于思想政治教育接受过程的含义基本上停留在拿来主义的运用上，其中被学者广泛采用的是张耀灿等人在《现代思想政治教育学》中的观点。

关于思想政治教育接受过程要素的研究。学者们对于这一问题的认识趋于一致。大多认为思想政治教育接受过程包括五个要素：教育主体、接受主体、接受客体、接受媒介、接受环境。但也有学者提出"四要素说"，认为思想政治教育接受主体、接受客体、接受媒介和接受环境是思想政治教育接受过程的要素。此观点把教育主体暗含在接受媒介和接受环境中，与"五要素说"没有本质区别。学者们基于各要素在思想政治教育接受过程中的作用效力、内在逻辑大致提出如下观点。第一，阶段组合说。这一观点的实质是对思想政治教育接受过程含义的变形。王海平从军队思想政治教育的角度出发，认为思想政治教育接受过程包括接受的动机阶段、内化阶段、外化阶段和反馈阶段。② 徐永赞从环节的角度出发，认为思想政治教育接受过程可分为发生启动、选择获取、整合内化、外化践行、反馈调节等五个环节。③ 第二，目标导向说。王敏将接受目标和标准的确立纳入思想政治教育接受过程，认为接受过程包括接受标准与接受目的的形成与确立、获取接受信息、整合内化和行为外化四个相互联系的阶段。他强调在思想政治教育接受活动中，接受目标和接受标准具有重要的地位，接受目标制约着接受标准，并通过接受标准制约着整个接受活动。④ 第三，接受层次说。张世欣根据思想政治教育接受过程的运行状态以及接受各个环节发生的层面不同，将思想政治教育接受过程划分为前接受活动环节、现接受活动环节和后接受活动环节。其中，前接受活动环节主要发生在心理层面，现接受活动环节主要发生在思维层面，后接受活动环节主要发生在行为层面。⑤

---

① 张耀灿等：《现代思想政治教育学》，人民出版社，2006，第 135 页。
② 王海平：《军队思想政治教育接受论》，军事科学出版社，2002，第 42 页。
③ 徐永赞：《思想政治教育接受过程研究》，博士学位论文，吉林大学，2006。
④ 王敏：《思想政治教育接受论》，湖北人民出版社，2002，第 38 页。
⑤ 张世欣：《思想政治教育接受规律论》，上海三联书店，2005，第 172~178 页。

3. 关于思想政治教育接受机制和规律的研究

关于思想政治教育接受机制的研究。目前，理论界对思想政治教育接受机制的论述，绝大多数是从思想政治教育接受的社会机制和个体机制两个方面展开。在社会机制方面，学界的观点比较一致，普遍认为社会机制主要是指社会各种环境因素对思想政治教育接受活动的影响，但在具体分析社会因素的影响作用时，其研究的侧重点又有差别。在个体机制方面，学界的争论较多。从现有研究成果来看，学者们比较倾向于将思想政治教育接受机制划分为动力机制、目标机制和心理机制。第一，动力机制。刘居安认为思想政治教育接受的效果如何，取决于接受主体的动力，接受主体的动力包括以社会需要为核心的外在被动力、以自身需要为核心的内在主动力以及由外在被动力和内在主动力组合而成的合动力。[①] 潘立勇、徐永赞认为，思想政治教育接受过程的动力机制包括思想政治教育接受过程的推动力、阻滞力、导向力。[②] 徐永赞进一步将动力分为内在驱动力和外在导向力。其中，内在驱动力包括起促进作用的推动力和起阻碍作用的阻滞力，外在导向力包括正导向力和负导向力。[③] 第二，目标机制。徐永赞认为接受的目标包括以世界观、人生观和价值观为核心的内在目标体系和外在目标体系，外在目标通过内在目标对接受发挥作用。[④] 黄世虎从主体接受图式角度分析了个体的接受机制，认为接受图式包含动力系统、目标系统、加工系统、调节系统。其中，目标系统是以世界观为核心的观念系统。[⑤] 第三，心理机制。曹蓉玫论述了认识、情感和意志因素在思想政治教育接受过程中的作用，分析了个性倾向性和个性心理特征对思想政治教育接受的影响。[⑥] 王海平探讨了接受心理的类型，通过具体分析官兵思想政治教育接受过程中心理相容和心理相斥的表

① 刘居安：《论思想政治教育接受主体动力系统的结构及其管理》，《学校党建与思想教育》2004 年第 9 期。
② 潘立勇、徐永赞：《思想政治教育接受过程的动力机制》，《教学与管理》2009 年第 33 期。
③ 徐永赞：《思想政治教育接受过程研究》，博士学位论文，吉林大学，2006。
④ 徐永赞：《思想政治教育接受过程研究》，博士学位论文，吉林大学，2006。
⑤ 黄世虎：《论思想政治教育的接受机制》，《求实》2001 年第 5 期。
⑥ 曹蓉玫：《思想政治教育接受心理障碍及对策研究》，《求实》2007 年第 6 期。

现来展开研究。① 马奇柯从脑功能兴奋和抑制的角度理解思想政治教育的接受机制，即最大限度地激活接受主体的兴奋点，最大限度地降低接受主体的心理抗拒，以提高思想政治教育的接受实效。②

关于思想政治教育接受规律的研究。有学者从考察思想政治教育接受活动的几对关系入手探究接受规律，认为思想政治教育接受规律包括受教育者和教育者的双主体互动规律，受教育者定向期待与创新期待辩证统一规律，受教育者的主动性与受制约性辩证统一规律。③ 有学者提出思想政治教育接受规律应该包括接受过程非线性规律，接受过程主体个性整体介入规律，接受过程主体自我意识分化与统一规律。④ 陈秉公把思想政治教育接受规律归纳为非线性规律、主体个性整体介入规律、主体自我意识分化与统一规律。⑤ 有学者认为党的路线、方针、政策的正确性、科学一贯性和求实性，在总体上影响和制约着官兵对思想政治教育的认同和接受，是接受的一条总体制约规律；⑥ 除此之外，从影响和制约官兵接受教育的各种内在因素和条件出发，将接受规律概括为利益认同、理性认同、情感认同和价值认同等规律。⑦ 有学者认为思想政治教育接受规律是一个多侧面、多层次的规律体系，由基本规律和具体规律组成，其中，基本规律是能动受动律，体现了思想政治教育接受的本质，具体规律是基本规律的展开，主要包括需要驱动律、多向互动律、内化外化律。⑧ 还有学者将思想政治教育接受规律总结为接受主体与教育主体的双向互动规律、接受主体定向期待与创新期待辩证统一规律、接受主体的能动性与受制约性辩证统一规律、思想政治教育施教过

---

① 王海平：《军队思想政治教育接受论》，军事科学出版社，2002，第78页。
② 马奇柯：《兴奋与抑制：思想政治教育接受机制》，《江汉论坛》2007年第2期。
③ 徐永赞：《接受理论视野下思想政治教育接受规律及模式选择》，《河北师范大学学报》（哲学社会科学版）2012年第4期。
④ 陈卓、刘和忠、王冬云：《思想政治教育接受过程规律研究》，《东岳论丛》2010年第7期。
⑤ 陈秉公：《21世纪思想政治教育工作创新理论体系》，吉林教育出版社，2000，第215页。
⑥ 王海平：《军队思想政治教育接受论》，军事科学出版社，2002，第112页。
⑦ 王海平：《军队思想政治教育接受论》，军事科学出版社，2002，第112页。
⑧ 王敏：《思想政治教育接受论》，湖北人民出版社，2002，第170页。

程与接受过程相互制约规律。①

思想政治教育接受机制和接受规律的研究属于思想政治教育接受过程的核心内容。从既有研究成果看，学者们从各个角度进行了深入探讨，取得了一系列成果，为完善这一论域提供了重要指导和借鉴。然而，从既有研究来看，存在以下两个问题。一是机制和规律的内涵不明确。思想政治教育接受机制和接受规律到底是什么，如何理解机制，如何理解规律，特别是如何理解思想政治教育接受机制，如何理解思想政治教育接受规律，很多学者不甚清楚，或者一知半解，研究中存在拿来主义和想当然的态度。二是思想政治教育接受机制的研究，存在将影响因素等同于机制的情形，而作为思想政治教育接受的制约因素，能否作为机制来论证值得商榷。

4. 关于思想政治教育接受过程障碍的研究

思想政治教育接受作为一个动态的过程，各要素、各环节、各阶段的不良运转都会影响思想政治教育接受的实效。基于此，学者们深入探讨思想政治教育接受过程的障碍，为思想政治教育接受过程的优化提供方向和思路。代表性的成果如下。

有学者从系统要素的角度分析接受障碍。如徐启东提出，大学生思想政治教育过程中的接受障碍主要体现在三个方面。一是接受主体障碍，表现为接受主体存在认知定势阻抗、价值取向务实、动力不足等问题。二是接受客体障碍，即多元信息杂陈、多种思潮涌入、教育手段滞后等给大学生接受信息带来现实阻力。三是接受环境障碍，表现为负面政治现象引发的消极影响，市场经济环境产生的负面效应，多元文化环境导致的选择困难。②

有学者从接受心理的角度分析接受障碍。如林楠提出，高校思想政治教育接受过程中主要有认知接受障碍和情感接受障碍这两种接受心理障碍。③曹蓉玫提出，接受心理障碍是指在知、情、意、行等诸因素中出现的不利心理因素，从而产生对思想接受的阻碍作用，在思想政治教育接受过程中主要

---

① 赵志华、徐永赞：《论思想政治教育的接受规律》，《河北学刊》2007 年第 3 期。
② 徐启东：《大学生思想政治教育接受的障碍及对策分析》，《思想教育研究》2012 年第 4 期。
③ 林楠：《高校思想政治教育接受心理障碍探析》，《学校党建与思想教育》2004 年第 5 期。

有认知接受障碍、情感接受障碍和意志接受障碍这三种接受心理障碍。[①] 王丽荣提出，思想政治教育接受过程中主要有接受需要心理障碍、接受认知心理障碍和接受情感心理障碍。其中，接受需要心理障碍体现为不能将社会要求转化为个体需要，精神需要不够高尚，高层次精神需要缺乏。接受认知心理障碍体现为接受主体认知结构经验不充足、认知结构原有观念不清晰、认知结构中原有知识经验与教育信息不相符。接受情感心理障碍体现为接受主体对教育者、教育内容、教育要求、教育方式的情感抗拒。[②]

有学者从接受流程的角度分析接受障碍。如彭俊桦提出，反映和选择环节，思想政治教育接受缺乏吸引力和感染力；整合和内化环节，思想政治教育接受存在重感性轻理性的倾向；外化和践行环节，没有形成社会、学校、家庭三者的教育融合。[③] 黄玲提出，思想政治教育接受机制运行的困境包括四个方面。一是驱动机制运行困境，体现为接受主体政治社会化的内驱力不足，思想政治教育的导向内容与接受主体的内在需求吻合不够，思想政治教育"理通行不通"削弱了其自身的吸引力。二是传导机制运行困境，体现为传统单一的直接传导方式存在弊端，多向式传导方式未能形成有效统合。三是监控机制运行困境，体现为未能从动态发展的角度把握接受主体的思想状况，接受客体和接受介体未能与接受主体有效契合，传授者对接受主体的调控缺乏及时性。四是反馈机制运行困境，体现为机械地以接受主体的认知来评价接受效果，传授者缺乏对接受过程的及时反思，传授者对接受主体的接受效果缺乏持续性的检验。[④]

从既有研究成果来看，关于思想政治教育接受过程障碍的研究，学者们主要基于接受的心理逻辑和接受过程中所涉及的影响因素来展开，形成了相对完善的理论体系。然而，作为教育的组织者，教育主体对教育内容的把握

---

① 曹蓉玫：《思想政治教育接受心理障碍及对策研究》，《求实》2007年第6期。

② 王丽荣：《思想政治教育接受心理研究》，博士学位论文，吉林大学，2009。

③ 彭俊桦：《大学生思想政治教育接受过程优化探析》，硕士学位论文，广西师范大学，2011。

④ 黄玲：《思想政治教育接受机制研究》，硕士学位论文，首都师范大学，2013。

程度，能否把理论体系转化为具有授课口味、学生特色、时代气派的话语体系，能否用喜闻乐见的方式把大道理讲清楚、说明白直接关系到思想政治教育接受的效果。因此，教育主体对理论把握不深、理解不够、传递不得法等应是亟须解决的问题。

5. 关于思想政治教育接受过程优化的研究

关于思想政治教育接受过程优化的研究，学者从不同的视角探入，具体主要有如下几种观点。

要素优化说。徐启东提出，在大学生思想政治教育接受过程中，接受主体、接受客体和接受环境等均存在不少问题，而要消除大学生思想政治教育接受障碍必须从三方面着手，即增强大学生接受主体的接受能力，明确大学生接受客体的核心内容，优化大学生接受环境的关键因素。① 张欣提出应坚持接受动力要素优化与系统结构优化的统一。②

系统优化说。徐永赞在其博士学位论文中对思想政治教育过程优化进行了系统论述，包括优化的原则、要素、环节、机制、模式等多个方面，初步构建了思想政治教育接受过程优化的框架结构。③ 李春霞提出可以通过技术依赖、加强情感互动、强化内外规训等方式来优化 Z 世代在线接受思想政治教育的策略。④

理论借鉴说。有学者提出运用受众理论的相关原理和方法，探索优化思想政治教育接受过程的途径。一是完善教育内容，扩大受众的反映择取面。二是创新教育方法，促进受众主动地完成整合内化。三是优化思想政治教育环境，为受众营造良好的接受氛围。四是要建立健全反馈机制。⑤ 有学者提

---

① 徐启东：《大学生思想政治教育接受的障碍及对策分析》，《思想教育研究》2012 年第 4 期。
② 张欣：《新时代高校思想政治教育接受动力的优化》，《学校党建与思想教育》2023 年第 18 期。
③ 徐永赞：《思想政治教育接受过程研究》，博士学位论文，吉林大学，2006。
④ 李春霞：《Z 世代在线接受思想政治教育的样态透析与优化策略》，《现代教育科学》2023 年第 6 期。
⑤ 唐昆雄、郭蕊：《受众理论视角下的大学思想政治教育接受过程优化途径分析》，《毛泽东邓小平理论研究》2010 年第 8 期。

出借鉴现代接受理论，致力于思想政治教育工作的创新。思想政治教育工作由支配指令转到指导服务上来，由单向灌输转到双向交流上来，由追求形式转到追求效益上来，由单打一转到社会协同作战上来，由微观静态转到宏观动态上来。①

阶段优化说。韦冬雪、彭俊桦把大学生思想政治教育接受过程分为三个环节：反应与选择环节、整合与内化环节、外化与践行环节。其中，反应与选择环节是大学生思想政治教育接受过程的开端，是接受过程其他环节运行的前提；整合与内化环节是大学生思想政治教育接受过程的关键环节；外化与践行环节是思想政治教育接受过程的终点。这三个环节相互联系、相互影响，大学生思想政治教育接受过程的优化应从这三个环节着手。②

非理性因素作用说。陈娱认为，情感对受教育者接受思想政治教育起着强化或抑制的作用，影响着思想政治教育目标的实现。为此，思想政治教育应注意渗透情感教育，使教学客体、介体、环体情意化，激发接受主体积极情感，促进受教育者接受思想政治教育。③ 曹蓉玫提出，三观是形成良好思想政治教育接受心理的决定因素，良好心态是形成良好思想政治教育接受心理的重要条件，内在需要是思想政治教育接受的基本动力。思想政治教育接受过程的优化要关注接受主体的内在需要，引导其树立正确的三观，培养良好的心态。④ 熊建生等提出，要增强对教育对象的情感关注，重视受教育者的道德情感体验；加强心理健康教育，创设和谐的教育情境；注重教育者的人格育情，以提高思想政治教育接受过程的有效性。⑤ 宫长瑞等提出，强化数智情感设计以构筑情感叙事基石，打造数智应用场景以促进情感意义生

① 汤新华：《思想政治教育接受过程的特殊性与教育方法创新》，《探索》2002年第5期。
② 韦冬雪、彭俊桦：《论大学生思想政治教育接受过程环节的优化》，《广西师范大学学报》（哲学社会科学版）2011年第2期。
③ 陈娱：《论思想政治教育中的客体、环体和介体的情感因素》，《科学社会主义》2009年第3期。
④ 曹蓉玫：《思想政治教育接受心理障碍及对策研究》，《求实》2007年第6期。
⑤ 熊建生、万佳妮：《试论思想政治教育接受过程中的情感效应》，《学校党建与思想教育》2006年第7期。

成，框定数智情感边界以加固情感叙事信任，提升数智情感素养以释放情感叙事效能，使数智化思想政治教育情感叙事的育人潜力和活力得到切实提升。①

（三）国外研究现状

思想政治教育是人类阶级社会一项普遍的教育实践活动，不是哪一个国家或哪一个阶级的专利。国外虽然没有明确的思想政治教育概念，但这丝毫不影响他们对思想政治教育的研究，通常将思想政治教育冠以公民教育、道德教育、宗教教育等名义，开展大量的理论研究和实质性工作，国外关于思想政治教育接受问题的研究，同样取得了丰硕的成果。

1. 国外关于思想政治教育接受理论的研究

西方学界对于"接受"问题的研究由来已久，从古希腊解释学开始，国外有关接受理论的研究在以下三个方面比较深入。

（1）解释学的接受理论

解释学最早可以追溯到两千年前的古希腊，因其词根是赫尔默斯（Hermes），因此又被形象地称为"赫尔默斯之学"。赫尔默斯是众神向人类传递信息的信使，并充当解释者的角色，使诸神的旨意变得明确。早期的解释学主要是古典文献解释学、圣经解释学和法律解释学等，目的是找到一套正确的规则和方法，以达到对语言材料和经典文献一致的、准确无误的理解和接受。文艺复兴以后，解释学逐渐越过原始阶段，进入理论化时期。

完整意义的解释学产生于19世纪早期。德国哲学家施莱尔马赫认为："由于词义和知识的变化，典籍本文直接呈现的东西并非作者真实的原意，研究者必须经过批评的解释来恢复本文产生时的历史情境和揭示原作者的心理个性，从而达到对本文的真正理解。"② 19世纪末，另一位德国哲学家狄

---

① 宫长瑞、张乃亮：《数智化思想政治教育情感叙事的逻辑原则和实践路径》，《思想教育研究》2024年第9期。

② 胡木贵、郑雪辉：《接受学导论》，辽宁教育出版社，1989，第32页。

尔泰将施莱尔马赫的工作向前推进。狄尔泰认为，历史行为与典籍本文的意义相当于行为者和作者的意图，因而本文是各种意义的客观化，解释者应当致力于把握生命意义的各种表示。理解主要是心理交流，是一种他者与自己的联系，是作者的心灵与解释者的心灵之间的联系。解释学面对的是心理世界，不能采取物理世界的实证主义方法，而必须诉诸心理学方法。总之，以狄尔泰为代表的古典解释学的理解观是一种本文中心主义。①

解释学到了海德格尔那里，发生了"哥白尼式的革命"，海德格尔实现了解释学本体论的转折，把古典解释学发展到现代解释学阶段。海德格尔认为："对任何本文的理解总是受到解释者的'前有'、'前见'和'前悟'或理解的'前结构'的影响和制约。"② 现代解释学经过伽达默尔发展到成熟阶段。伽达默尔非常强调理解的历史性，认为无论是认识主题还是作为对象的作品都内在地嵌入历史性中，所以真正的理解不是去克服历史的局限，而是去正确地适应这些历史性。

法国哲学家保罗·利科尔对新旧解释学作了新的综合。他认为，理解的本体论只有通过方法论的探讨，经过认识论的层次，才能最终达到。③ 在利科尔看来，语言符合不仅有直接的字面含义，而且有间接的隐喻意义。解释学就是要对全部语言符号进行哲学意义的语义分析，达到对隐喻意义的理解。

（2）接受美学的接受理论

接受美学发端于文学领域，主要代表人物是姚斯和伊瑟尔。姚斯认为，对于任何作品，读者都是从自己的期待视野出发去看待的。"期待视野"是指"在文学阅读之先以及阅读过程中，作为接受主体的读者，基于个人与社会的复杂原因，心理上往往会有既成的思维指向与观念结构，读者的这种据以阅读文本的既成心理图式，叫做阅读经验期待视野，简称期待视野"④。

---

① 张琼、马尽举：《道德接受论》，中国社会科学出版社，1995，第28页。
② 胡木贵、郑雪辉：《接受学导论》，辽宁教育出版社，1989，第35页。
③ 胡木贵、郑雪辉：《接受学导论》，辽宁教育出版社，1989，第36页。
④ 童庆炳主编《文学理论教程》，高等教育出版社，2004，第332页。

姚斯认为，作者实际的阅读感受与"期待视野"负相关，也就是说，作者实际的阅读感受与"期待视野"越一致，作者的阅读兴趣越低，相反则会越高。同时，姚斯提出读者先前的"期待视野"与他的具体阅读之间出现的不一致即"审美距离"。一方面，该距离不是固定不变的；另一方面，该距离既不是越大越好，也不是越小越好。只有当读者与艺术作品中的角色之间的距离达到最优时，他才能最大限度地获得审美享受。伊瑟尔提出"隐在的读者"的概念，他认为，"隐在的读者"实质上是一种文本的召唤结构，是作品在创立之初的一种期待和假象，是一种可能出现的读者，实际读者只是"隐在的读者"的"实现"。伊瑟尔认为："在文学作品本文的写作过程中，作者头脑里始终有一个隐在的读者，而写作过程便是向这个隐在的读者叙述故事并进行对话的过程。"① 因此，读者的作用已经蕴含在本文的结构之中。"隐在的读者"所蕴含的召唤结构直接促成了接受主体对接受活动的积极参与，优化了接受活动的效果。

（3）传播学的受众理论

传播学中符号相互作用理论是 20 世纪 60 年代兴起的。杰罗米·玛尼斯与伯纳德·梅尔策把符号相互作用理论归结为七条基本理论："一是人们通过给他们的经历赋予意义来理解事物。人类的知觉总是受到一个符号过滤器的调控。二是意义是在人们之间相互作用的过程中获得的。意义产生于社会团体间符号的交换之中。三是一切社会结构与机构都是由相互作用中的人们建立的。四是个人行为不是严格地由前面的事件决定，而是自发产生的。五是心灵是由一个内部对话构成，它反映了一个人与他人的相互作用。六是行为是在社会团体中的相互作用过程中实现或建立的。七是一个人不能通过观察公开的行为来理解人的经历，人们对于事件的理解与他们给予事件的意义是必须查明的。"② 对思想政治教育而言，思想政治教育就是教育主体与接受主体依照有关符号应用规则进行的二度翻译互动过程。个人差异论于

---

① 〔美〕威尔伯·施拉姆、威廉·波特：《传播学概论》，陈亮、周立方、李启译，新华出版社，1984，第 304 页。
② 张隆栋主编《大众传播学总论》，中国人民大学出版社，1993，第 24 页。

1946 年由霍夫兰最先提出，1970 年德弗勒修正而成。其理论以"刺激—反应"为基础，从行为主义的角度阐述受众的特征，认为"每个人所处社会环境和经历不同，造成了个人的种种差异，包括个人心理结构、天赋与后天习性、认知所形成的态度、价值观与信仰、社会理论所形成的看法、学习所形成的素质等方面的不同，决定了他们对信息有不同的选择和理解，进而有不同的态度和行为"[①]。因此，在思想政治教育过程中，教育者要充分了解受教育者的个体差异，因人而异地进行选择、加工思想政治教育信息。

2. 国外关于思想政治教育接受相关要素研究

（1）重视实践教学

新加坡教育部规定中小学生必须选择参加课外活动，学校会定期组织学生参观监狱、战争纪念馆、博物馆等，把学校的思想政治教育放在了现实生活中，将思想政治教育由学校内部转移到了学校之外，并把分数计入成绩册。[②]《美国 2000 年教育战略》提出，"每个学生都要参与提高和显示良好公民素质的社会服务活动"。在英国，"公民参与社区活动或志愿者活动的比例相当高。法国被调查的成人中，有近一半的人从事志愿服务是因为他们喜欢帮助别人"。在德国，"约每 3 个成年人中就有 1 人每月花费 15 小时从事志愿者工作"。在俄罗斯，"星期六义务劳动"成为全民的自觉行动。[③]

（2）重视环境育人

大众传媒在美国、英国、日本等发达国家都是开展思想政治教育的有力工具和重要途径，政府通过电视、报纸、电影、书籍等媒介宣传官方的政治道德信息，影响公民的政治倾向、价值取向和生活方式等。在美国，"社区和社团是开展公民教育不可缺少的领域"[④]。在法国，"自 1992 年正式开播的第五频道文化台，一直向世界各地介绍广泛宣扬法国的民主理念和价值道德"[⑤]。

---

① 张国良主编《传播学原理》，复旦大学出版社，1995，第 124~130 页。
② 吴琼：《当代国外思想政治教育方法及其启示》，《求实》2000 年第 5 期。
③ 马奇柯：《国外思想政治教育机制建设研究》，《学校党建与思想教育》2006 年第 4 期。
④ 胡恒钊：《西方思想政治教育方法特点及其借鉴意义》，《学术论坛》2010 年第 5 期。
⑤ 胡恒钊：《西方思想政治教育方法特点及其借鉴意义》，《学术论坛》2010 年第 5 期。

（3）借助宗教渗透

西方国家借助把宗教渗透到人们日常生活中去的传统，把民众的宗教信仰巧妙地转化为对政府的顺从。在美国，公民自幼年起就时时处处感受到上帝的存在，"美国精神"也随之被不断强化。在俄罗斯，总人口中有一半以上处于东正教精神的思想控制之下，教会日益成为思想政治教育的重要机构。在英国，一些重要教育法均明确规定所有学校开设宗教教育，宗教课程较注重传授一些基本的各教派共同具有的宗教知识。在新加坡，没有国教，鼓励每个族群保存、表现自己的文化和宗教，执行开明、开放、平等、宽松的政策。

（四）文献综述简评

学界借鉴接受美学、解释学和传播学等相关学科的理论成果，促使接受理论研究从无到有、从宏观到微观开辟了一些基本论域，把握了主要的研究环节，取得了丰硕的研究成果，形成了思想政治教育接受理论体系的雏形图景，为进一步研究铺垫了基本的分析框架。但同时我们也应该看到，思想政治教育接受理论又是一个前沿性课题，其研究尚处于起步阶段，总体来看还比较薄弱，不够系统、深入，难以满足理论与实践的双重期待，还有很大的发展空间。

思想政治教育接受的理论性研究需要进一步完备。第一，思想政治教育接受研究的视角需要拓宽。目前对于该问题研究的理论视角主要集中在接受学、传播学和解释学等相关学科理论，而思想政治教育接受过程作为一项系统工程，从概念的界定到机制、规律的研究深入，再到接受的影响因素以及优化对策等都离不开理论的指导。随着学科的精细化发展，各种理论不断出现，为该问题的研究开阔了视野。比如，认知心理学、行为科学、群体动力学、团体辅导理论、建构主义、具身化理论等，需要理论工作者深入研究，科学嫁接，为我所用。第二，思想政治教育接受理论体系有待完备。目前，关于思想政治教育接受理论的研究虽然涉及了思想政治教育接受的内涵、特征、类型、机制、规律等诸多方面，但存在个别问题还未涉及，或虽有涉及但涉及不深和问题研究"两张皮"的现象。例如，接受效果的评定标准作为思想政治教育接受过程研究的重要方面，需要有一套完备的理论，而目前关于接受效果的评价机制、评价标准、评价办法等方面的研究几乎是空白的。再如，对接受机制和接受规律的研究还比较浅显。在接受规律方面，没有反映出对接受本质的把握。在接受机制方面，一些学者硬性地把心理学的知识强加到思想政治教育接受活动中，或者把一般性的影响因素认定为接受机制，在一定程度上存在"两层皮"现象。第三，思想政治教育接受理论的实证研究需进一步加强。目前关于思想政治教育接受问题的研究，主要集中在对概念抽象性描述的基础上相关问题的理论探讨和逻辑分析，忽视了对思想政治教育接受问题的实证分析。比如，对于某一特殊群体思想政治教育接受过程的实证调研，对多个群体思想政治教育过程的比较研究等。

思想政治教育接受的应用性研究需要进一步加强。思想政治教育是一门实践性很强的科学，思想政治教育之所以保持如此的生机活力，就在于不断用既有的理论指导实践，并在实践的基础上实现理论提升，循环往复，螺旋上升。思想政治教育接受研究同样如此，需要不断用理论观照实践，用实践验证理论。目前关于思想政治教育接受的研究成果多数停留在理论的层面，缺乏必要的应用性分析。比如，对于大学生思想政治教育接受的优化策略，专家学者会从不同的角度提出对策，而这些对策多数停留在"是什么"和"为什么"的层面，对"怎么办"缺乏深入的思考，缺乏必要的操作步骤，没有脱离理论思辨的本质。这就使得思想政治教育接受的研究成果仅仅具有文本意义，难以为思想政治教育的一线工作者所直接掌握和使用，理论成果难以对实践活动形成有效的指导。

大学生思想政治教育接受过程的研究。首先，在理论层面厘清大学生思想政治教育接受过程的含义、要素、特征和作用，依据认知心理学理论，系统把握大学生思想政治教育接受过程运行发生、发展的一般态势。其次，在实践层面，编制关于大学生思想政治教育接受过程的问卷，问卷拟定知、情、意、行四个维度，在四个维度上设置项目，对大学生思想政治教育接受过程进行实证调研。确定大学生思想政治教育接受过程中存在的主要问题，厘清影响大学生思想政治教育接受过程的主要因素。在此基础上，结合大学生思想政治教育接受过程的理论研究，提出大学生思想政治教育接受过程的优化策略。最后，从要素和阶段两个层面对大学生思想政治教育接受过程进行优化。要素优化明确关键要点，确定接受主体、教育主体、接受介体、接受环境四个关键要素开展优化；阶段优化突出动态特性，从启动阶段、内化阶段、外化阶段三个阶段进行优化。

四　研究思路和研究方法

研究思路是对问题的思考逻辑，哲学意义上思考逻辑具有最根本指导意义。对于具体问题而言，思考逻辑要依据问题逻辑，需要较强的针对性。研究方法表现为实践活动的中介要素，就其本质而言是人对客观规律的科学把握和自觉运用。正确的研究思路和科学的研究方法是深刻认识和理解研究对象的重要前提。

（一）研究思路

本书首先从思想政治教育大系统中析离出思想政治教育接受过程这一元问题，选取大学生作为研究样本，确定选题。在问题研究过程中，将秉承从理论到实践的逻辑路径，按照"提出问题""分析问题""解决问题"的思路展开。

第一章，新时代大学生思想政治教育接受过程的核心要义与作用。该部分在研究过程中遵循从一般到特殊的逻辑思路，分别界定接受过程、思想政治教育接受过程和大学生思想政治教育接受过程的内涵。在此基础上，分析新时代大学生思想政治教育接受过程的构成要素、特征和作用。

第二章，新时代大学生思想政治教育接受过程的理论基础和知识借鉴。马克思主义作为科学的世界观和方法论，对自然科学和社会科学的研究具有普遍的指导意义。本研究主要以马克思主义关于人的主体性理论、需要理论、灌输理论、认识论、党性修养理论为依据，同时借鉴了释义学、心理学、社会学中关于接受的理论作为本研究的理论支撑。

第三章，新时代大学生思想政治教育接受过程的运行分析。大学生思想政治教育接受过程的运行包括从发生、发展到完成的各个阶段和环节。本研究遵循运行的一般流程，提取出大学生思想政治教育接受过程的运行前提、运行动力、运行线路、运行过程、运行阶段、运行机制、运行规律、效果测评八个基本问题，粗线条勾勒了大学生思想政治教育接受过程发生、发展的运行态势。

第四章，新时代大学生思想政治教育接受过程的实证分析。大学生思想政治教育接受过程的优化需要建立在理论指导和实践把握的基础之上。该部分基于前三章的理论分析，借鉴既有的研究成果，首先编制关于大学生思想政治接受过程的问卷，在实证调研的基础上，提炼大学生思想政治教育接受过程存在的问题，探析影响大学生思想政治教育接受过程的因素，为优化大学生思想政治教育接受过程提供依据。

第五章，新时代大学生思想政治教育接受过程的优化策略。该部分作为从理论性研究向操作性研究的延伸，研究过程始终追问对策的可行性，确保接受过程的优化实效。首先明确了优化的基本原则，在此基础上，从要素优化和阶段优化两个层面展开，一方面突出大学生思想政治教育接受过程的关键要点，另一方面体现大学生思想政治教育接受过程的动态特性。

（二）研究方法

科学的方法决定着理论研究的深度和可靠程度。生理学家巴甫洛夫曾指出："方法是最好和最基本的东西。研究的严肃性如何，就完全依赖于方法，依赖于行动方式。一切都在于良好的方法。"① 大学生思想政治教育接受过程这一问题，以马克思主义为指导，综合运用了文献研究法、比较研究法、调查研究法、系统研究法和多学科研究法。

---

① 《巴甫洛夫全集》（第5卷），人民卫生出版社，1959，第16页。

1. 文献研究法

从新时代大学生（青年）、认知心理学、新媒体、思想政治教育接受等方面，检索相关学科关于论题的最新研究动向和可资借鉴的理论成果，为研究打下扎实的文献基础。

2. 比较研究法

新时代大学生思想政治教育接受过程置身虚拟和现实两种场域，通过比较传统和网络思想政治教育接受的机理、内容、效果，实现两者的优势互补，提高新时代大学生思想政治教育的实效性。

3. 调查研究法

毛泽东说："没有调查，就没有发言权。"[①]大学生思想政治教育接受过程研究是一个实践性很强的课题，研究过程中，采取自编问卷的形式进行调研，获取关于大学生思想政治教育接受过程的第一手资料。分析接受过程中的积极因素和问题，为优化大学生思想政治教育接受过程提供依据。

4. 系统研究法

系统研究方法是把研究对象作为系统，用系统论的一般原则指导具体对象的研究。在研究过程中，对大学生思想政治教育接受过程的相关理论进行系统分析，包括接受过程的含义、特征、依据、流程、机制、规律等。系统把握大学生思想政治教育接受过程的现状，包括接受过程的积极因素、存在的问题、存在问题的原因。在此基础上提出系统优化大学生思想政治教育接受过程的策略。

5. 多学科研究法

"现代科学发展的精细和深入必然带来理论建构的抽象和复杂，理论建构的抽象和复杂必然造成从不同的基点、按不同的角度、使用不同的方法确立的研究领域之间的沟通和融合越来越困难。"[②]对此，美国高等教育研究专家伯顿·克拉克曾说："那些分裂知识的人有责任把知识整合起来。"随着实

---

① 《毛泽东文集》（第 2 卷），人民出版社，1993，第 382 页。
② 柳延延：《科学在当代的处境》，《哲学研究》2003 年第 1 期。

践的发展、社会的进步，问题的复杂性和不确定性越来越多，从多学科的角度展开研究成为一种必然趋势。大学生思想政治教育接受过程这一问题，同样涉及哲学、心理学、教育学等多个学科领域，需要多学科协同研究。

五　研究创新点

没有继承就没有创新，没有创新就没有发展。正如梁启超所说："文化之所以进展，恒由后人承袭前人智识之遗产，继长增高。"① 承袭前人智识之遗产，必须做好两件事情：备齐研究材料和吃透研究成果。这是承袭的基础。继长增高是承袭之目的，缺此，则会变成原地打转，旧地徘徊。本书在承袭既有研究成果的基础上预期有以下创新之处。

1. 网络与传统思想政治教育接受机理的差异比较具有一定新意

新时代大学生思想政治教育接受在网络和现实两种场域内进行。网络场域秉承"受众到用户"的运行逻辑，进行点对点推送，实质为"正反馈强化机理"。现实场域遵循"内容到受众"的运行逻辑，进行点对面覆盖，实质为"负反馈纠偏机理"。

2. 构建新时代大学生思想政治教育接受过程的理论体系

从思想政治教育学与认知心理学以及传播学的视角，探索新时代背景下大学生思想政治教育接受过程的运行前提、运行动力、运行线路、运行过程、运行阶段、运行机制、运行规律、效果测评，有利于构建新时代大学生思想政治教育接受过程的理论体系。

---

① 梁启超：《清代学术概论》，中国书籍出版社，2006，第5页。

第一章

新时代大学生思想政治教育接受过程的
核心要义与作用

研究大学生思想政治教育接受过程，首要任务是科学界定大学生思想政治教育接受过程的含义，这是研究的逻辑前提，关系到研究的论域边界。因为，界定不明确，容易导致边界模糊，界定不科学，容易导致边界不合理。正如戴维·伊斯顿所言，概念是思维的工具，应该是稳定而明确的，其边界内涵丝毫不能含糊，"如果构成这种概括的概念仍然含糊不清，那就谈不上考虑什么概念之间的相互关系，讨论也就必然要在概念的差异上纠缠不休"[①]。本书将遵循从一般到特殊的逻辑思路，分别界定接受过程、思想政治教育接受过程和大学生思想政治教育接受过程。在此基础上，分析大学生思想政治教育接受过程的构成要素、特征和作用。

一 新时代大学生思想政治教育接受过程的概念界定

概念是理论研究的基础性工作，"理论无非是运用概念和逻辑对于世界理性认识的系统表述"[②]。研究新时代大学生思想政治教育接受过程必须从"新时代"、"接受"和"过程"这些最基本的概念入手。

---

① 〔美〕戴维·伊斯顿：《政治生活的系统分析》，王浦劬译，华夏出版社，1999，第13页。
② 〔美〕比彻姆：《课程理论》，黄明皖译，人民教育出版社，1989，第29页。

（一）新时代的大逻辑

2012 年 11 月在北京召开的中国共产党第十八次全国代表大会，是在我国进入全面建成小康社会决定性阶段召开的一次十分重要的大会。从党的十八大开始，中国特色社会主义进入新时代。2017 年 10 月 18 日，习近平总书记在党的十九大报告中作出重大判断：“经过长期努力，中国特色社会主义进入了新时代，这是我国发展新的历史方位。”[①] 报告关于新时代的论述，是有科学依据、有丰富内涵的科学理论成果。时代的转换必有标志性的重大变化，把握新时代，必须认清进入新时代的基本依据。

1. 新时代的基本依据

第一，基于历史发展的过程。按照马克思主义“过程论”思想，万事万物都是一个发展的过程，中国特色社会主义也是一个历史的发展过程，并处于不断地探索、实践和创新之中。新时代是总揽中国特色社会主义发展进程作出的历史性判断。

党的十三大提出了中国特色社会主义初级阶段理论，这一科学的判断，仍然符合我国的基本国情。回顾既往，我们取得的成绩是伟大的；面向未来，我们要走的路还很长很长。在这漫长的发展过程中，中国特色社会主义必然要表现出阶段性。经过改革开放近四十年的实践探索，特别是党的十八大以来，中国特色社会主义无论是从主观上还是从客观上来说，都发展到了一个新的阶段。

第二，基于发展的成就。在不同社会制度之间的新时代变化，主要标志是政权的更迭，阶级力量对比的重大变化等。在同一社会制度内的时代变化，主要衡量标准是发展水平，只有发展水平有较大的、质的变化，才能推动时代的变化。正如习近平总书记所说：“我们党团结带领全国各族人民不懈奋斗，推动我国经济实力、科技实力、国防实力、综合国力进入世界前

---

① 习近平：《决胜全面建成小康社会　夺取新时代中国特色社会主义伟大胜利——在中国共产党第十九次全国代表大会上的报告》，人民出版社，2017，第 10 页。

列，推动我国国际地位实现前所未有的提升，党的面貌、国家的面貌、人民的面貌、军队的面貌、中华民族的面貌发生了前所未有的变化，中华民族正以崭新姿态屹立于世界的东方。"① 特别是党的十八大以来的五年，是党和国家发展进程中极不平凡的五年，我们解决了许多长期想解决而没有解决的难题，办成了许多长期想办而没有办成的大事，推动党和国家事业发生了历史性变革，这些成就是全方位的、开创性的，所带来的变革是深层次的、根本性的。正是这些历史性变革构成了新时代的基础。

第三，基于主要矛盾的转化。习近平总书记在党的十九大报告中指出："中国特色社会主义进入新时代，我国社会主要矛盾已经转化为人民日益增长的美好生活需要和不平衡不充分的发展之间的矛盾。"② 社会主要矛盾是社会发展中的基础性问题，我们治国理政的工作，在某种意义上就是围绕解决主要矛盾进行的。主要矛盾的变化必然引起党和国家战略的变化。人民美好生活需要日益广泛，不仅对物质文化生活提出了更高要求，而且在民主、法治、公平、正义、安全、环境等方面的要求也日益增长。在社会生产力水平总体显著提高的基础上，目前突出的问题是发展不平衡、不充分，这已经成为满足人民日益增长的美好生活需要的主要制约因素。对我国社会主要矛盾作出这样的界定，更加准确反映了改革开放以来中国社会发展变化的现实，反映了中国特色社会主义进入新时代后的新形势、新特点，完全符合中国国情。

2. 新时代的基本内涵

中国特色社会主义新时代将是一个什么样的时代？党的十九大报告从五个方面作出了界定："这个新时代，是承前启后、继往开来、在新的历史条件下继续夺取中国特色社会主义伟大胜利的时代，是决胜全面建成小康社会、进而全面建设社会主义现代化强国的时代，是全国各族人民团结奋斗、不断创造美好生活、逐步实现全体人民共同富裕的时代，是全体中华儿女勠力同心、奋力实现中华民族伟大复兴中国梦的时代，是我国日益

---

① 《习近平著作选读》（第二卷），人民出版社，2023，第 8 页。
② 习近平：《决胜全面建成小康社会　夺取新时代中国特色社会主义伟大胜利——在中国共产党第十九次全国代表大会上的报告》，人民出版社，2017，第 11 页。

走近世界舞台中央、不断为人类作出更大贡献的时代。"① 五个方面，就是五个角度，汇总起来，既是新时代中国特色社会主义的基本内涵，也是新时代中国特色社会主义的任务和要求。

党的十九大报告对新时代的内涵概括，主要是针对中国特色社会主义的阶段性提出的，宣告中国特色社会主义进入新时代，就是告诉我们，在未来很长的时期内，我们所要建设的，都将是新时代中国特色社会主义，我们的一切事业，都将围绕新时代中国特色社会主义来展开。中国特色社会主义进入新时代，在中华人民共和国发展史上、中华民族发展史上具有重大意义，在世界社会主义发展史上、人类社会发展史上也具有重大意义，这"四大意义"是全方位的，前两个意义是国内的，后两个意义是世界的。既有国家的，也有民族的；既有社会主义的，也有人类社会发展的。新时代将是一个充满光荣和梦想的时代。

（二）接受过程的内涵

接受，在汉语字典中，通常被解释为接纳、承受。英文是 reception，一般被译为认可、接纳。接受作为人类社会生活中最重要的现象，以其独特的魅力一直受到历代学者的关注，但真正意义上的接受研究发生在现代。20世纪 20 年代以来，接受、接受者、接受过程、接受机制等与接受有关的词频频出现在释义学、传播学等学科中。但时至今日，接受还没有一个权威性的界定。学者们基于各自的知识背景、学科特点、专业属性对接受的含义进行探讨。主要观点如下。

1. 关系论

胡木贵、郑雪辉在《接受学导论》一书中首先从哲学的认识论视角对接受作出界定。他们认为："接受，是关于思想文化客体及其体认者相互关系的范畴。它标志的是人们对以语言象征符号表征出来的思想文化客体信息

---

① 《十九大以来重要文献选编》（上），中央文献出版社，2019，第 8 页。

的择取、解释、理解和整合，以及运用的认识关系和实践关系。"① 他们从接受主体和接受客体相互作用的关系角度对接受作出界定，具有开创性的意义，第一，厘清了接受的三个核心要素。接受主体、接受客体和接受过程。第二，借鉴现代认知论的成果动态理解了接受的含义。一方面提出接受是对接受客体的择取、选择、理解和整合，使接受从消极的、原封不动的承袭的误区中走出来；另一方面提出"运用"在接受过程中的作用，认识到接受是理论和实践结合的过程。

这一界定具有奠基性的贡献，同时也有商榷的空间。一方面，没有从传递的角度揭示具有不同特性的信息是如何传递给接受者的，即没有揭示信息的传递过程。事实上，完整意义的接受过程包括客体信息的传递过程与接受主体的接受过程相互统一，由此才构成了完整意义上的接受活动。② 另一方面，没有作动态的说明。因为接受过程是理论和实践不断结合的过程，不能一劳永逸。

2. 过程论

张琼、马尽举在《道德接受论》一书中从伦理学视角对道德接受作出界定："道德接受就是发生在道德领域的特殊的接受活动，它是道德接受主体出于道德需要而对道德文化信息的传递者利用各种媒介所传递的道德文化信息的反映与择取、理解与解释，整合与内化以及外化践行的求善过程。"③ 这一概念从过程论的视角提出了道德文化信息从发出到接受的完整过程，具有较高的科学性。一方面，明确了接受的方向性。该概念指明了道德文化信息的反映与择取、理解与解释、整合与内化以及外化践行的求善方向。另一方面，指明了道德文化信息的传递媒介。该概念强调道德文化信息不会自动传出，也不会自动传入，需要传递者利用各种媒介才能发挥作用。

这一界定的科学性不言而喻，但同样具有商榷的空间。概念中关于道德文化信息的来源局限于传递者，而实际上，接受主体基于自身需要也会主动

---

① 胡木贵、郑雪辉：《接受学导论》，辽宁教育出版社，1989，第1页。

② 张琼、马尽举：《道德接受论》，中国社会科学出版社，1995，第53~54页。

③ 张琼、马尽举：《道德接受论》，中国社会科学出版社，1995，第58页。

获取道德文化信息。换句话讲，接受过程除了教育过程还有自我教育过程。该概念忽视了接受主体自身对信息的获取。

3. 活动论

邱柏生在《思想教育接受学》一书中从思想政治教育学科视角对接受作出界定："所谓接受是指主体（即受教育者）在外界环境影响下，尤其是在教育的控制下，选择和摄取思想政治教育信息的一种能动活动。"[①] 这一概念认为接受是一项能动活动，强调人的思想品德是在社会环境影响、教育控制和个人主观能动性三者相互作用的过程中逐步形成的。其局限性主要体现在忽视了外化过程。思想政治教育接受活动是内化过程和外化过程的统一，概念中关注内化忽视外化实际上属于理解接受观的范畴，不符合思想政治教育的实践特征。

学术界基于不同的研究视角对接受的概念作出界定，为进一步研究提供了前提。本书在综合分析既有成果的基础上认为，接受是关于接受主体和接受客体相互关系的范畴，是接受主体基于自身需要，不断内化既有的或传递的思想文化信息并适时践行的活动过程。透过这一定义，可以得出如下结论。第一，接受活动是接受主体和接受客体相互作用的结果，是一种双边的互动关系，离开任何一方接受都无法实现。第二，接受主体具有极高的主动性。在接受活动中，接受主体不是消极被动的，而是积极主动的，是接受主体对接受客体反映、选择、整合、建构的过程。第三，思想文化信息的来源有两个途径。一是接受主体主动获取的思想文化信息，可以理解为自我教育过程；二是接受主体对传递者运用各种媒介所传递的思想文化信息的获取，可以理解为教育过程。第四，不是所有的接受都需要外化践行的环节。基于实践在思想政治教育接受过程中的重要作用，应该把外化践行作为接受的重要环节。然而，源自接受主体本身和环境限制，不是所有内化的品德都能实现外化，在界定接受的含义时用适时践行更为合理。需要说明的是，便于接受过程研究的完整性，下文中没有对是否践行作出说明，直接采用践行一词。

---

① 邱柏生主编《思想教育接受学》，山西人民出版社，1992，第 3 页。

　　"过程"是日常生活中的常用词语。《辞海》认为："过程,同'状态'相对。过程指事物状态的变化在时间上的持续和空间上的延伸;状态指事物特性的量度和描述。在自然界、社会和人类思维中普遍存在。没有过程的状态和没有状态的过程都是不存在的,两者相互依存,相互作用,相互制约。事物的状态决定和影响着过程,事物的过程又决定和影响着新的状态。过程和状态是相对的。一个事物在一个系统内可视为状态(或过程),在另一个系统内,则可作为过程(或状态)。"[①] 从学术层面对过程内涵的切实把握还要从哲学谈起。

　　过程的历史考察。中国古代早在《周易》一书中,就有"生生之谓易""易者变易生化之谓"的说法,在随后的春秋战国、两汉时期都有诸多思想家对过程有较深刻的论述。与此同时,古希腊罗马哲学先哲提出"日月经天、四季交替、生灭变化"等过程思想。赫拉克利特则把自然的本质理解为一个过程,此后,伊壁鸠鲁和卢克莱修都对过程作了颇具见地的论述。无论是东方还是西方的朴素辩证法,都力图从过程的角度说明世界的联系,对后来过程思想的发展产生深远的影响。18世纪末19世纪初,西方哲学派别百家争鸣,过程思想得以进一步发展。黑格尔第一次把整个自然的、历史的和精神的世界描写为处在不断运动、变化、发展的过程中。此后,阿尔费雷德·诺斯·怀特海和查尔斯·哈茨霍恩提出过程即有机体的共生和转化,在当时受到了高度关注。马克思主义理论家汲取前人思想之精华,在理论上对过程作了深刻的论证,在实践中运用过程思想指导革命和建设。概括起来他们的思想说明了三点:"一是整个世界是一个过程的集合体;一切事物都是作为过程出现的;二是过程在一定的条件下互相转化;三是过程的转化不是简单的重复,而是每一转化都使过程进入到更高的阶段。"[②] 正如恩格斯所言,"一个伟大的基本思想,即认为世界不是既成事物的集合体,而是过程的集合体,其中各个似乎稳定的事物同它们在我们头脑中的思想映象即概念

---

　　①　夏征农主编《辞海》(上),上海辞书出版社,1989,第1170页。
　　②　刘烨:《现代思想政治教育过程研究》,博士学位论文,武汉大学,2004。

一样都处在生成和灭亡的不断变化中"①。

过程的基本特征。过程作为唯物辩证法的基本范畴具有以下几个主要特征。第一，客观性和普遍性。任何过程都是事物的过程，过程是客观事物存在的最普遍状态，因此，作为事物基本存在形态的过程也必然具有客观性。离开事物谈过程，就会陷入唯心主义。同时，任何事物都是过程的事物，世界上的一切事物都表现为过程，过程具有普遍性。从宏观到微观，从无机物到有机物，从动物世界到人类社会都处于永不停息的运动、变化、发展的过程之中。离开过程谈事物，就会陷入形而上学。第二，动态性与转化性。事物作为过程的事物，其发展的根本动力源自事物的内部矛盾。过程的动态性体现在事物运动、变化、发展的过程中。过程的转化性体现为由一种过程变为另外一种过程，由一类事物变为另外一类事物。其中，动态性和转化性共同寓于过程之中，事物运动过程中量的积累表现为过程的动态性，质的变化表现为过程的转化性，过程转化之后又开始了新一轮量的积累，新一轮质的变化，循环往复，以至无穷。第三，阶段性和连续性。任何事物都是矛盾的事物，主次矛盾转化决定了过程的阶段性，"被根本矛盾所规定或影响的许多大小矛盾中，有些是激化了，有些是暂时地或局部地解决了，或者缓和了，又有些是发生了，因此，过程就显出阶段性来"②。过程不仅具有阶段性，而且各阶段之间相互联系、前后相随，具有连续性。

通过对"接受"和"过程"两个词语的内涵分析，我们可以对接受过程作如下理解。第一，接受过程是教育主体和接受主体共同参与的活动过程。单方面夸大教育主体或接受主体作用的思想都是错误的。第二，接受主体是接受活动研究的重要内容。按照马克思主义哲学内外因关系原理，在接受过程中，教育主体、接受环体、接受介体属于外因，接受主体属于内因。外因作用再大也必须通过内因才能起作用，接受主体如何认识和理解教育内容，实现内在精神观念的发展和转变，是研究的重心。第三，接受过程的系

---

① 《马克思恩格斯选集》（第4卷），人民出版社，1995，第244页。
② 《毛泽东选集》（第1卷），人民出版社，1991，第314页。

统结构应由教育主体、接受主体、接受介体、接受环体等要素构成，诸要素各自发挥其功能作用，推动接受过程的矛盾转化。

（三）新时代大学生思想政治教育接受过程的界定

新时代大学生思想政治教育接受过程是包括"新时代"、"大学生"、"思想政治教育接受"和"过程"的复合词，实质是从过程的视角研究特殊群体的思想政治教育接受。由此可见，思想政治教育接受是研究的核心和关键。

20 世纪 80 年代，面对道德滑坡问题，伦理学界首先运用接受理论来研究道德教育的接受问题。90 年代思想政治教育学术界开展了思想政治教育接受问题研究。从邱柏生《思想教育接受学》一书提出思想政治教育接受的含义开始，关于思想政治教育接受的理论研究逐渐发展和丰富。其中，张耀灿等所著的《现代思想政治教育学》对思想政治教育接受含义的界定最具影响力，即"思想政治教育接受是指发生在思想政治教育领域内的接受活动，它反映了思想政治教育接受主客体之间的相互关系，是接受主体出于自身需要，在环境作用影响下通过某些中介对接受客体进行反映、选择、整合、内化、外化等多环节构成的、连接的、完整的活动过程。通过有效的接受，社会和社会群体的一定的思想观念、政治观点、道德规范，就可以被内化为接受主体品德思想并外化为品德行为"[1]。这一界定认识到了接受主体和接受客体之间的双向互动关系，也认识到了接受主体的需要与驱动之间的关系，具有较高的科学性和完整性。在后续的研究中，学者们基本采纳了张耀灿等在《现代思想政治教育学》中的界定，表述虽有不同，但没有实质性推进。然而，有以下几点值得商榷。第一，是否可以将反映、选择、整合、内化并列使用？《辞海》对内化界定为："人对外部事物通过认知转化为内部思维的过程。"[2] 由此可见，内化本身包括了反映、选择、整合等活

---

① 张耀灿等：《现代思想政治教育学》，人民出版社，2006，第 191 页。
② 夏征农主编《辞海》（上），上海辞书出版社，1989，第 525 页。

动，如此一来，概念的表述存在杂糅问题。第二，将接受环境列入接受系统的要素值得商榷。系统要素指系统内部的事物，具有内在性特点。接受环境对于接受活动来说，是外部性事物，不能因为接受活动在一定的环境中展开，就将环境看作接受活动自身的东西。第三，品德思想是否只有实现外化才可划归接受范畴？在思想政治教育接受过程中存在如下情形：在思维层面，对思想政治教育客体认可、认同，同时具有强烈的践行愿望；但在现实层面，受接受主体本身和环境的限制，内化的品德思想暂时不能实现行为外化。如果将这部分品德思想列入接受范畴之外显然不妥。

深刻把握思想政治教育接受的内涵和外延，必须厘清思想政治教育接受与其他类型接受的界限和区别。第一，思想政治教育接受与德育接受的区别。"道德"一词历史深远，1902年《钦定京师大学堂章程》记载："外国学堂于知育体育之外，尤重德育。"[1] 从德育理论和实践的发展看，德育概念经历了一个泛化过程。从古今中外德育的目标、任务、内容来看，德育的外延大致包含思想教育、政治教育和道德教育。思想政治教育是受政治制约的思想教育和侧重思想理论方面的政治教育，其接受的范围远远小于德育接受的范围。第二，思想政治教育接受与物质接受的区别。在可视性上，物质接受的对象具有客观实在性的特征，具有可视性。思想政治教育的接受对象是一种精神客体，不具可视性。在排他性和竞争性上，按照经济学中关于排他性和竞争性的解释，物质因其有限性和不可重复使用性，决定了物质接受具有排他性和竞争性的特征。而精神客体因其无限性和重复利用性，决定了思想政治教育接受具有非排他性和非竞争性的特征。第三，思想政治教育接受与知识接受的区别。在接受性质方面，思想政治教育接受主要解决知行问题，进行价值判断。知识接受主要解决知与不知问题，进行是非判断。在接受前提方面，思想政治教育接受的前提是既有的思想道德素质，受环境的影响大。知识接受的前提是既有的知识储备，受环境的影响小。在接受评价方面，思想政治教育接受评价软性指标和间接指标多，量化困难。"知识接受

---

① 班华主编《现代德育论》，安徽人民出版社，2001，第9页。

硬性指标和直接指标多，量化容易。"①

通过梳理分析思想政治教育接受概念，我们可以从过程的视角对新时代大学生思想政治教育接受过程作出界定。所谓新时代大学生思想政治教育接受过程，是指在新时代的视域下，大学生基于自身需要，在一定教育情境中，通过某些中介对思想政治教育传道者所传导的教育内容和自身主动获取的教育内容进行内化、外化、反馈，以形成符合一定时期社会所需要的思想品德的实践活动过程。

二　新时代大学生思想政治教育接受过程的构成要素

贝塔兰菲指出："系统即有相互作用元素的综合体。"② 要素是构成特定系统必不可少的元素。大学生思想政治教育接受过程是一个完整的系统，这一系统由教育主体、接受主体、接受介体、接受环体四个要素有机结合而成。

（一）教育主体

思想政治教育主体是思想政治教育活动的基本要素之一，在思想政治教育过程中居于主体地位。思想政治教育活动的开展状况和实际效果，在很大程度上取决于思想政治教育主体的素质及职责的履行情况。

1. 教育主体的作用

教育主体是具体教育实践活动的组织者和实施者。在大学生思想政治教育接受过程中，教育主体作为基本构成要素，应当发挥主导作用。第一，教育内容的择取。思想政治教育内容具有广泛性、普遍性、抽象性的特点，教育主体必须在综合分析社会需要以及接受主体思想状况的基础上，择取教育内容。第二，教育内容的理解。教育主体在实施教育之前，自己首先要受教

---

① 张世欣：《思想政治教育接受规律论》，上海三联书店，2005，第85~86页。
② 〔奥〕贝塔兰菲：《一般系统论》，秋同、袁嘉新译，社会科学文献出版社，1987，第27页。

育，即要理解教育内容，在此基础上将教育内容加工成教学内容，开展教育实践。第三，教育媒介的利用。同样的教育内容采取不同的教育媒介效果不同，教育主体要在分析教育内容、接受主体思想状况的基础上，合理利用教育媒介。由此可见，无论是教育内容的择取、理解还是教育媒介的利用，都受制于教育主体自身的业务素质和能力。

2. 教育主体的职责

思想政治教育主体的职责主要指教育主体在思想政治教育活动中应承担的责任和应发挥的作用。

立德树人职责。思想政治教育主体的立德树人职责，从广义上讲，泛指教育主体按照一定社会、阶级、政党的要求，通过思想政治教育活动培养和提升教育对象思想政治素质；从狭义上讲，主要指在学校思想政治教育过程中，教育主体通过思想政治教育活动培养和提升学生的思想政治素质，尤其是强调人才培养目标优先重视立德，即育人先育德。思想政治教育主体需要结合教育对象自身的发展要求开展思想政治教育，对教育对象的发展方向、发展方式进行引导，并在这一过程中履行"指导者"和"引路人"的责任。

思想理论教育职责。思想理论教育职责主要指思想政治教育主体根据特定的教育目的和教育对象的思想品德状况及身心发展规律，将思想政治教育内容以合理的教育形式和方法传授、传播、传导、传递给教育对象，进而对其进行思想引领、品德培育和人格塑造。马克思曾经指出："理论在一个国家实现的程度，总是取决于理论满足这个国家的需要的程度。"① 只有理论上清醒，政治上才能坚定。思想政治教育是以提升人的思想政治素质为根本任务的教育活动，必须重视思想理论教育。教育主体通过开展思想理论教育来组织、实施和调控思想政治教育活动。

价值引领职责。思想政治教育主体的价值引领职责，主要是指教育主体依据个体与社会发展的辩证关系，根据社会发展要求对教育对象世界观、人生观、价值观的未来发展应发挥的作用和应承担的责任。思想政治教育主体

---

① 《马克思恩格斯选集》（第 1 卷），人民出版社，2012，第 11 页。

履行价值引领职责，既要突出社会未来发展对人才培养的思想政治素质要求，又要引导教育对象将这一思想政治素质要求自觉转化为自我成长的现实行动；既要突出价值引领的政治性与科学性，又要注重人才培养的价值性、全面性，在价值引领过程中形成结构合理、层次分明的思想政治教育内容，使教育对象的进步、成长与社会发展进步的要求相一致。

组织管理职责。思想政治教育主体的组织管理职责，主要是指教育主体依据特定的教育目的和教育对象思想政治素质的现实状况，在遵循教育规律、思想政治工作规律和教育对象身心发展规律的基础上，有计划、有组织、有目的地协调和运用思想政治教育资源，对教育对象开展思想政治教育，在促使其形成社会发展所需要的思想政治素质过程中所发挥的作用、承担的责任和使命。思想政治教育主体对思想政治教育活动的有效组织管理，强化了思想政治教育过程中资源供给的有效性，规范和引导了教育对象的思维方式和行为方式，为思想政治教育活动的顺利开展提供了组织保证和制度保证。

3. 教育主体的素质

素质是思想政治教育主体为有效传授思想政治教育信息所具备的一系列条件的总和，包括政治素质，理论素质、人格素质、网络素质、心理素质、身体素质等。在大学生思想政治教育接受过程中，教育主体基本素质主要包括思想政治素质、科学文化素质、人格修养素质、身心健康素质以及业务能力素质五个方面。

思想政治素质。思想政治教育是具有鲜明指向性的教育活动。思想政治素质是教育主体最根本、最重要的素质要求，包括坚定的思想方向、鲜明的政治立场、强烈的政治信仰等多个方面。列宁在谈到教育主体素质时提出："现在我们要培养出一支新的教育大军，它应该同党和党的思想保持紧密联系，贯彻党的精神，它应该把工人群众团结在自己的周围，以共产主义的精神教育他们，使他们关心共产党员所做的事情。"① 刘伯承在军事学院成立典礼时的讲话中指出："这些指挥人员必须是在中国共产党的领导下，完全

---

① 《列宁选集》（第 4 卷），人民出版社，1995，第 305 页。

忠实于中华人民共和国和中国人民事业，具有高度的爱国主义、国际主义与新英雄主义的精神。"① 党的思想政治教育主体要坚定地站在党的立场上。

科学文化素质。革命运动离不开革命理论的指导。江泽民指出，"不能用简单的口号去说服别人，必须用正确的观点、正确的理论进行分析，明辨是非"②。思想政治教育主体的科学文化素质主要由三个部分组成，即扎实的马克思主义理论知识、系统的思想政治教育专业知识和广博的相关学科知识。其中，马克思主义理论知识和思想政治教育专业知识是教育主体最基本的看家本领。

人格修养素质。思想政治教育是一种品格塑造活动，其教育的效力在相当程度上受制于传道者的人格形象对所宣讲教育内容的印证、实践程度。捷克教育家夸美纽斯曾说过："什么是好的和什么是坏的，任何言语的解释，都不能像周围人们行为所给予的概念来得明确。"③ 思想政治教育主体的人格修养素质集中体现为良好的道德素质，严于律己，率先垂范，以身作则。

身心健康素质。身心健康素质是指人的身体素质、心理素质呈现出的质的规定性，它是反映人口质量的重要指标。传统的身心健康素质主要强调"躯体无疾病"，思想政治教育活动中的身心健康素质不仅包括"躯体无疾病"，而且扩展到身体、精神或心理乃至社会的完满状态。在现代社会，健康意味着人与自然、人与社会、人与自身的相互依存与和谐发展，人对健康观念的理解从单纯的生物医学模式转变为"生理—心理—社会"的医学新模式，身体出现问题之后的医疗方式也从以往的单纯治疗转变为预防、保健、治疗相结合的多元主体参与的方式。在思想政治教育活动中，身心健康素质一般从生理健康和心理健康两方面来把握。思想政治教育主体的劳动具有时空上无限量性的特点，不仅需要付出大量的体力，更要在与教育对象的交往中耗费大量的精力，因此，要成为优秀的思想政治教育主体，就"要

---

① 《刘伯承军事文选》，解放军出版社，1992，第477页。
② 《江泽民文选》（第1卷），人民出版社，2006，第43页。
③ 公方彬：《困惑与选择》（上卷），中国华侨出版社，1998，第360页。

树立健康第一的教育理念"①，具备与职业发展相适应的、健康良好的身体素质和心理素质。

业务能力素质。业务能力素质是教育主体顺利开展思想政治教育活动所必须具备的主观条件，也是使思想政治教育活动得以顺利完成的能力和本领。在思想政治教育活动中，教育主体"要不断掌握新知识、熟悉新领域、开拓新视野，增强本领能力，加强调查研究，不断增强脚力、眼力、脑力、笔力"②，深入实践、仔细观察、反复思考、勤于引领是其业务能力彰显的主要标志，在很大程度上反映了教育主体的"脚力、眼力、脑力、笔力"。思想政治教育主体要承担铸魂育人、立德树人的神圣职责，必须具备开展思想政治教育的业务能力素质。结合思想政治教育过程来看，思想政治教育主体必须具备的业务能力素质既包括科学的工作理念，也包括观察分析能力、表达能力、组织指导能力、自我调控能力、人际协调能力等良好的工作能力和灵活得当的方法艺术。没有科学的工作理念和良好的工作能力，教育主体很难胜任这份工作；缺乏灵活得当的方法艺术，其引领教育对象理解、认同、接受和践行思想政治教育内容的实效性会受到不同程度的影响，更谈不上成为优秀的思想政治教育主体。

（二）接受主体

大学生思想政治教育接受过程所涉接受主体顾名思义就是大学生。接受主体作为思想政治教育活动的对象，常被习惯性地等同于一般客体，忽视其主动性和目的性。实际上，接受主体是思想政治教育接受过程的重要要素，整个接受过程的研究都是基于接受主体的角度。接受主体在整个思想政治教育接受过程中具有极高的能动性。

1. 接受主体的类型

依据对大学生思想政治教育接受过程所涉接受主体的理解，可以将接受

---

① 《十九大以来重要文献选编》（上），中央文献出版社，2019，第652页。
② 《习近平谈治国理政》（第三卷），外文出版社，2020，第315页。

主体等同于大学生。据此，对接受主体类型的划分实质就是对大学生类型的划分。按照大学生的生源、专业、年级、家庭收入、父母职业等可以对大学生作不同划分，本书主要依据前三个标准对大学生予以分类。第一，按照生源划分：农村生源大学生和城市生源大学生。第二，按照所在年级划分：大一、大二、大三、大四。第三，按照所学专业划分：文科专业大学生、理科专业大学生、工科专业大学生。

2. 接受主体的能动性

马克思认为人是自由的有意识的"类存在物"，强调人既是受动的存在，也是能动的存在物。接受主体不是消极被动地接受教育主体所传导的教育内容，而是能够根据自身需要，理性或非理性对教育内容进行能动的内化建构和外化践行，具体表现在三个方面。第一，接受需要的能动认知。动力源自需要，接受的动力源自接受的需要。马克思、恩格斯说："任何人如果不同时为了自己的某种需要和为了这种需要的器官做事，他就什么也不能做。"[①] 大学生能够主动认识自身思想状况与社会要求之间的差距，激发思想政治教育的接受需要，形成思想政治教育的接受动力。第二，认知图式的能动建构。认知图式的建构包括教育内容的选择、教育内容的整合以及教育内容的创新。教育内容的选择体现为，并非教育主体传导的所有教育信息都能为大学生所认同和接受，他们会从自身需要出发，有选择性地接受。正如接受美学代表人物伊泽尔所言："本文的结构允许读者以各不相同的方式实现。那么显而易见，这种实现过程总是一个读者进行选择的过程。"[②] 教育内容的整合体现为，大学生能动地对教育内容进行反映和择取之后，借助感觉、知觉、表象、思维等认知形式，将其转化为自我的观念结构。教育内容的创新体现为，大学生对教育内容不是刻板摄取或无条件复制，而是根据自身认知图式对教育内容进行再创造，实现教育内容创新。教育内容的创新是接受主体能动性的深刻体现。第三，教育内容的能动践行。思想是行为的先

---

① 《马克思恩格斯全集》（第 3 卷），人民出版社，1960，第 286 页。
② 〔联邦德国〕伊泽尔：《审美过程研究——阅读活动：审美响应理论》，霍桂桓、李宝彦译，中国人民大学出版社，1988，第 50 页。

导。大学生在对教育内容完成精神性整合后，便会在一定条件下展开外化践行。正如马克思所指出的，"它把我的愿望从观念的东西，从它们的想象的、表象的、期望的存在，转化成它们的感性的、现实的存在，从观念转化成生活"[①]。外化践行是接受主体能动性最本质的体现。

（三）接受介体

中介是不同事物或同一事物内部各要素之间联系和转化作用的过程、因素或环节。"一切 vermttelt ＝都是经过中介，连成一体，通过过渡而联系的"[②]，"仅仅'相互作用'＝空洞无物，需要有中介（联系）"[③]。大学生思想政治教育接受介体是教育主体与接受主体相互联系、相互作用的中介因素。

1. 接受介体的类型

思想政治教育介体依据不同的标准可以划分为不同的类型，根据接受介体的属性可以分为物质介体和精神介体。物质介体是教育主体和接受主体相互传递思想政治教育信息的物质内容和手段；精神介体是教育主体和接受主体相互传递思想政治教育信息的精神内容和手段。根据介体的历史发展可以分为传统介体和现代介体。传统介体指思想政治教育发展历程中早已出现并继续发挥作用的介体，如会议、报告。现代介体是随着现代社会的发展而具有时代特征的新介体，如多媒体、互联网。根据介体的物质样态可以分为语言介体和行动介体。语言介体是教育主体通过言语表达思想的方式。比如，针对大学生各类思想困惑，教育主体通过理论阐释、现象剖析、科学论证等方式解疑释惑。行动介体是教育主体通过行动表达思想的方式。在思想政治教育过程中，行动比语言更有说服力，起表率作用的教育主体，本身就是形象化、人格化的思想政治教育载体。

---

① 《马克思恩格斯全集》（第 42 卷），人民出版社，1979，第 154 页。
② 列宁：《哲学笔记》，人民出版社，1993，第 85 页。
③ 列宁：《哲学笔记》，人民出版社，1993，第 137 页。

2. 接受介体的特征

所谓特征，指一事物区别于其他事物的显著特点和标志。大学生思想政治教育接受介体的特征主要体现在以下两个方面。一方面，时代性和延续性并存。时代性是指，接受介体是特定时代的产物，大学生思想政治教育接受介体从单纯的"口头讲授"到"图文并茂"再到"声像再现"，充分体现了时代发展特色。延续性是指，传统介体仍然是当前大学生思想政治教育的主要形式，传统介体不因现代介体的出现而失去其原有的地位和价值，现代介体仅是传统介体的有益补充。另一方面，扩展性和可控性并存。扩展性是指，随着互联网、数字技术的发展，大学生思想政治教育接受介体日益向多样化扩展，为接受主体与教育主体之间的关系从多维度和多层次展开开辟了越来越广阔的空间，拓展了教育内容的传播范围。可控性是指，大学生思想政治教育接受介体不仅为接受主体、教育主体所认识和选择，而且为教育主体、接受主体所操作和利用。

（四）接受环体

思想政治教育接受环体是否为接受过程的要素是学界争论的一个问题。有学者从系统论的角度认为接受环体作为思想政治教育接受过程的外部因素，不为思想政治教育接受过程所包容，因此，认为其不是思想政治教育接受过程的要素。然而，接受环体作为思想政治教育接受活动的有机组成部分，是思想政治教育接受活动无法绕开的重要因素，没有接受环体提供接受活动所必不可少的物质条件、精神因素和活动场所，思想政治教育接受过程无法进行。基于接受环体在思想政治教育接受过程中的重要地位和作用，本书认为其是思想政治教育接受过程的因素。大学生思想政治教育接受环体指大学生思想政治教育接受活动所面对的外部客观存在，也即接受环境。

1. 接受环体的分类

大学生思想政治教育接受环体依据不同的标准可以分为不同的类型。第一，大环境与小环境。大环境主要是指国际、国内的政治、经济、文化环境。小环境主要是指大学生所在学校的校风、学风、寝室文化、朋辈群体。第二，现实环境和虚拟环境。现实环境是指对大学生思想行为发生影响作用的现实因素，如现实的学习环境、人际环境等。虚拟环境是指随着互联网的发展而出现的网络虚拟空间。随着互联网的发展，虚拟环境日益成为大学生交友、学习、娱乐的场域空间，对新时代大学生的思想和行为产生日益重要的影响。第三，积极环境和消极环境。积极环境是指对大学生思想和行为产生积极影响、促进其健康向上的环境。消极环境是指对大学生思想和行为产生消极影响、阻碍其成长进步的环境。

2. 接受环体的功能

接受环体有狭义和广义之分，狭义的接受环体特指纳入大学生的接受视野，作为大学生思想政治教育接受背景和条件的部分。这里研究的接受环体是特指而不是泛指。其功能主要体现在以下几个方面。第一，动力功能。接受环体是教育主体和接受主体互动的重要条件。接受环体蕴含强大的推动力，良好的接受环体能够激励大学生积极向上，促进大学生良好思想品德的生成。反之，会使大学生走向堕落，阻碍良好思想品德的生成。第二，导向功能。导向功能指接受环体能够对大学生的思想行为产生无形的约束力。当大学生表现思想行为之后，会受到社会舆论的评价和道德规范的约束。凡符合社会规范的思想和行为会得到肯定和赞扬，从而促使类似行为的再发生。反之，会受到抑制和批判，进而阻止类似行为的再发生。第三，参与功能。接受环体参与大学生思想政治教育接受的全过程。教育主体精心设计的接受环体本身蕴含着思想政治教育的目标指向，关系到思想政治教育内容的内化、外化和反馈，影响大学生思想政治教育接受效果。

三　新时代大学生思想政治教育接受过程的特征

关于大学生思想政治教育接受过程的特征，已有学者进行过相关研究。伦理学界张琼、马尽举在《道德接受论》中对道德接受特征作了论述。思想政治教育学界张世欣的《思想政治教育接受规律论》，王敏的《思想政治教育接受论》，赵继伟的《马克思主义意识形态接受论》，王海平的《军队思想政治教育接受论》，徐永赞的博士学位论文《思想政治教育接受过程研究》等都对思想政治教育接受的特征作了系统阐述。张洪春的博士学位论文《少数民族思想政治教育接受过程研究》，对少数民族的思想政治教育接受的特征进行了研究。其他学科如传播学、美学等也进行过相关研究。从既有的研究观点看，学者们基于各自不同的研究视角和思路，提出各自不同的观点和见解。本书认为，观点的不一致主要源自研究思路不统一，而作为一类研究问题，研究思路本该具有较高的通约性。基于此考虑，本书首先分析大学生思想政治教育接受过程特征的研究思路，在此基础上提出接受过程的特征。

（一）新时代大学生思想政治教育接受过程特征的研究思路

特征是事物内在本质的外显化，事物的本质通过特征进行确认。特征从学理的角度讲，指事物成为它自身并使该事物同其他事物区别开来的内在规定性，是事物不同于其他事物内在本质的外在表现，通过与其他事物的比较表现出来。研究大学生思想政治教育接受过程的特征可以依据以下逻辑思路展开。

一是明确研究主题的时空场域。分析特征时，如果研究主体涉及时空场域，那么就需要基于常识逻辑，明确比对的时空场域。据此，我们在研究新时代大学生思想政治教育接受过程特征时，从时空场域的视角，我们需要找准恰当的比对时空，不宜过于久远，如果与原始社会比对，显然没有意义。同时也不易过近，如此很难找出其中不同点，也就无所谓特征了。

二是剖析研究主体的内部矛盾。事物的"质"，或事物自身的确证，或事物的边界，主要取决于事物的内部矛盾。因此，特征的研究要聚焦内部矛盾。新时代大学生思想政治教育接受过程的特征，主要考察在新时代这一时空场域下，大学生这一群体，在思想政治教育接受过程中内在的、本质的、必然的联系。

三是确定研究对象的类比对象。类比对象需要首先交代清楚，否则就会陷入自说自话的尴尬。大学生是思想政治教育接受过程的研究群体，按照一般的常识推定，一般将大学生与相近年龄的非大学生青年群体进行比对。

四是确定接受内容的类比对象。接受内容是接受过程的限定要素，体现出接受内容在接受过程中的独有特征，论题中思想政治教育作为接受内容，类比对象可以选定道德接受、知识接受、财物接受等。

五是逐级推演研究主题的特征。接受过程本身具有独特的表征，相对于思想政治教育接受过程和大学生思想政治教育接受过程具有更高的抽象性，研究过程首先需要明确接受过程的特征，在此基础上进行逻辑推演，界定思想政治教育接受过程的特征、大学生思想政治教育接受过程的特征、新时代大学生思想政治教育接受过程的特征，遵循推导逻辑，确保科学性和严谨性。

（二）新时代大学生思想政治教育接受过程特征的具体呈现

研究新时代大学生思想政治教育接受过程的特征需要注意两个问题，一方面，特征要具有通约性。大学生思想政治教育接受过程的特征要符合思想政治教育接受过程的一般特征，同时特征要对大学生普遍适用，具有一定的通约性。另一方面，特征要凸显特殊性。研究大学生思想政治教育接受过程的特征要凸显大学生这一特殊群体，如果舍弃该群体属性仅谈思想政治教育接受过程的特征，甚至仅谈接受过程的特征，或者将群体扩大化，使研究结论无法凸显特殊性而走向偏离。

1. 鲜明的主体选择性

思想政治教育涵括施教过程和接受过程，是教育主体供给端和接受主体需求端的统一。从现实运行看，基于国家政策方针、授课教材、教学大纲的限定，一定时期供给内容具有相对固定性。从需求端看，接受主体会以自身需求为基础，运用已有的价值观念、道德准则来权衡施教主体，取舍思想政治教育内容，这是思想政治教育接受活动的基本规律。正是在这个意义上，马克思、恩格斯说，"凡是有某种关系存在的地方，这种关系都是为我而存在"①。由此可见，在思想政治教育接受过程中教育主体可以对接受主体施加影响，却不能代替选择。

接受主体的选择性以自身认知图式为基础。在思想政治教育接受过程中，接受主体的选择居于核心地位，决定了接受过程的成败。接受主体作为现实的主体，必然已有一定的道德认知、思想基础和价值观念，对于教育主体传导的内容不可能原封不动地全盘吸收，而必然从自己的需求出发，依据自己的接受能力和接受偏好进行选择和加工。具体有两种样态，一是遵循原有图式，吸纳思想政治教育内容以充实、强化原来图式。二是不遵循原有图式，可能会出现直接否定抛弃，或部分吸收，或全盘吸收改变原有图式的情形。不论结果如何呈现，最根本的原因在于接受主体的选择性。

接受主体的选择性遵循目的性和价值性。接受主体之所以选择相应的思想政治教育内容内化为自身的思想意识，外化为自身的行为习惯，根本在于个体的目标追求。人的活动不是一种本能活动，而是一种有目的的有意识的活动。马克思曾经说过："蜘蛛的活动与织工的活动相似，蜜蜂建筑蜂房的本领使人间的许多建筑师感到惭愧。但是，最蹩脚的建筑师从一开始就比最灵巧的蜜蜂高明的地方，是他在用蜂蜡建筑蜂房以前，已经在自己的头脑中把它建成了。"② 同时，接受主体会寻求人生价值的实现。在思想政治教育接受过程中，他们通过内化和外化思想政治教育内容，不断使自己的道德原则、价值准则、政治观念与社会主流思想和价值相吻合，不断使自身的社会行为与社会发展的趋势相吻合。

新时代大学生思想政治教育接受过程的主体选择性更加鲜明。从接受主体的角度看，新时代的大学生是"网络原住民"，获取信息的渠道日益多元。面对海量信息，不仅追求信息本身的"真"，也强调信息呈现的"美""新""奇"。同时，新时代大学生成长于物质富足的环境中，具有较高的自我意识，对以高校思政课为代表的强势思想政治教育具有一定的抵触情绪，

---

① 《马克思恩格斯选集》（第1卷），人民出版社，1995，第81页。
② 《马克思恩格斯全集》（第23卷），人民出版社，1972，第202页。

对中规中矩的官方主流信息会选择屏蔽。新时代大学生具有极高的信息检索能力，他们倾向于自我探索、自我选择、自我教育、自我提升。

2. 极强的冲突性

新时代大学生置身"现实与虚拟"双重空间，各种信息鱼龙混杂，现实中的许多问题会在网络上发酵。大学生在思想政治教育接受过程中需要比较鉴别，课堂信息、网络信息、体验信息等彼此交织在一起。在现实场域，经济社会高速发展，但城乡差距等问题依然存在；贪污腐败、为富不仁、作威作福等现象依然存在。诸如此类的现象，伴随自媒体的发展不断在网络平台上发酵，不断冲击着大学生敏感脆弱的神经。大学生接收的思想政治教育信息与网络平台上发酵的不良信息及社会上矛盾问题形成了矛盾冲突。

3. 判断的双重性

新时代大学生思想政治教育接受过程面临判断的双重性。大学生在进行选择时，必须同时进行双重判断，即是非判断和价值判断。接受主体在思想政治教育接受过程中，既要解决自身与客观事物的认知关系问题，又要解决自身与客观事物的价值关系问题。前者需要进行是非判断，后者需要进行价值判断。在同一个思想政治教育接受过程中，只有是非判断与价值判断的结果一致或基本一致，接受主体才能接受；如果是非判断与价值判断的结果不一致或基本不一致，那么接受过程无效。这就要求教育主体不能仅仅引导接受主体进行是非判断，而要创新方式，将是非判断与价值判断结合起来，帮助接受主体同时消除"认知障碍"和"利益障碍"，提高思想政治教育的实效性。

4. 影响因素的广泛性

大学生作为重要的社会群体，会进行广泛的社会联系，社会生活的广泛性决定了思想政治教育接受过程影响因素的广泛性。换言之，大学生思想政治教育的接受过程，同时也是社会各种因素同步施加影响的过程。社会影响是复杂多向的，有积极正确的影响，也有消极错误的影响。教育主体应充分利用积极因素去引导接受主体，努力克服社会消极因素，保持社会影响与思想政治教育内容在方向上的一致性。具体来说，大学生思想政治教育接受过程影响因素的广泛性体现在如下方面。

多源头性。思想道德层面的接受不是单一化的传递，不同于一般的知识接受，也不同于一般的物品接受。在现实与虚拟交织的现代社会，尽管主流思想政治教育信息是主要影响源，但各种非主流的思想观点、道德规范、社会思潮等不断生发，对大学生思想政治教育接受产生影响，造成接受的偏离。

多选择性。新时代大学生思想政治教育接受面对的现实世界是复杂多元的，其必然引起接受主体的多向注意，甚至是多向吸收，这已是不可回避的现实。因此，新时代大学生思想政治教育接受既要坚持马克思主义的价值原则和立场，也要注意批判、包容和吸收社会合理价值观念，同时与反动腐朽的思想和价值观作坚决斗争。

跨时空性。新时代，经济发展的全球化，交流方式的网络化，咨询媒体的数字化，大学生思想政治教育接受场域已经打破了时空限制，能够同时与古今中外的思想观念直接对话。因此，新时代大学生思想政治教育接受，最重要的是处理好传统与现代、国内和国外的关系，在以马克思主义为指导的前提下，批判性吸收和借鉴中西方思想政治教育资源。

5. 多元反复性

新时代大学生思想政治教育接受过程受到多重因素的影响，接受主体内部知、情、意、信、行五个方面相互牵制、相互作用，外部线上线下信息鱼龙混杂、复杂多变，使新时代大学生思想政治教育接受过程具有多元复杂性。

思想品德的发展以方向、性质和程度上的变化和发展为标志，要素之间紧密联系、相互影响，它不像知识和技能那样内容广泛，且许多思想品德要素之间还有密切联系。因此，在思想政治教育过程中，教育主体不可避免地要进行反复传导、反复施教，才能达到预期效果。

一是长期性。思想政治教育接受过程的多元反复性是由思想品德形成的长期性决定的。任何一种思想品德的形成和完美化，都不是经过一两次接受就能实现的，而是需要经历多次接受。反复性、渐进性是思想政治教育接受过程的重要特点，企图"立竿见影""毕其功于一役"是违背规律的。思想政治教育接受与物质接受不同，不是一次性能完成的，而是一个连续过程。每一次接受都只是思想道德提升过程的一个环节，也都是新的思想道德接受的起点。从社会层面来说，思想理论是在不断向前发展的；从个人层面来说，思想道德接受不存在终点；从整体来看，思想政治教育接受是不断进行的连续过程。

二是非线性。思想政治教育接受过程往往具有非线性。列宁说："人的认识不是直线（也就是说，不是沿着直线运行的），而是无限地近似圆圈、近似于螺旋的曲线。"① 大学生思想政治教育接受过程的非线性主要表现在两个方面。一方面，非直接性。思想政治教育接受过程不都是直接来源于有组织的思想政治教育活动，接受主体能够从社会生活中、人际交往中，受到启发，有所感悟，并逐步演变为一种思想意识和行为习惯。另一方面，非明朗性。思想政治教育接受过程不单纯以显性的状态进行，它还有隐性状态、模糊状态、后发状态或某种混合状态。显性状态之外的其他接受状态不仅存在，而且作用很大。因此，大学生思想政治教育接受过程出现模糊性、非确定性等，都属于正常反应。

三是非恒定性。人是一架复杂的机器。在思想政治教育接受过程中，接受主体的思想和情感并不总是与理性联系在一起，也并不总是稳定的。由于种种原因，会出现冷热波动，这是正常现象。接受主体思维的跃动、情绪的高低，都直接影响其思想道德接受值的高低。一般而言，思想政治教育接受存在潜在期、混沌期、突破期，是一种非恒定的变动状态，而且各种状态的出现都有其合理性。此外，接受主体的人格结构是复杂的，其各种人格力量发展并不均衡，这使思想政治教育接受过程具有非恒定性。这往往源于接受偏好和接受取舍的差异。

6. 浓郁的实践性

新时代大学生思想政治教育接受过程具有浓郁的实践性，不仅表现为思

---

① 《列宁全集》（第38卷），人民出版社，1959，第411页。

想政治教育接受过程的完整流程，即思想内容转化为行动实践，最终形成行为习惯，而且表现为一切思想政治教育活动都要以实践活动为基础。整个思想政治教育接受过程都是在实践活动的基础上展开、发展和完成的。实践性是思想政治教育接受过程的一个根本属性。此外，大学生思想政治教育接受成功与否最终需要经过实践的检验。

四 接受过程在新时代大学生思想政治教育中的作用

大学生思想政治教育接受过程的研究用反向思维审视思想政治教育活动，从动态视角考察思想政治教育内容认知、认同、外化的过程，有利于应对当前大学生思想政治教育的困境，在整个大学生思想政治教育过程中处于核心地位，起关键作用。

（一）检验大学生思想政治教育施教实效的基本标准

大学生思想政治教育是施教过程和受教过程的有机统一，两者的互动决定思想政治教育的实效。一方面，施教过程指大学生思想政治教育的开展，由教育主体完成，解决"如何教"的问题，具体包括教育内容的选取、教育方法的运用、教育环境的创设等多个方面。另一方面，受教过程指大学生思想政治教育的接受，由接受主体完成，解决"如何受"的问题。大学生作为思想政治教育的施教对象和接受主体，在整个思想政治教育过程中既有被动性一面，同时又会根据自己的需要和判断，有选择地接受思想政治教育内容，体现主动性的一面。施教过程和受教过程是思想政治教育基于不同的研究视角而作出的学理区分，施教是受教的源头，受教是施教的指向，最终目标是培养堪当民族复兴大任的时代新人。由此可见，施教过程是外因，只是提高大学生的觉悟和品德素养的手段和条件，其作用发挥必须通过受教过程予以确认，其作用效果必须通过受教过程予以检验。从这层意义讲，受教过程是检验大学生思想政治教育施教实效的基本标准。

（二）优化大学生思想政治教育施教过程的依据遵循

大学生思想政治教育施教过程和受教过程具有内在的逻辑关联，从受教过程能够反观施教过程，能够为优化施教过程提供依据遵循。一方面，深入研究大学生思想政治教育接受过程的运行状况，为优化施教过程提供理论支撑。大学生思想政治教育接受过程的运行状况非常复杂。接受过程呈现什么样的特点，接受过程源于什么样的动力，接受过程按照什么样的线路，接受过程遵循什么样的流程，接受过程具有什么样的规律等都是需要研究的有关其运行状况的问题。对大学生思想政治教育接受过程运行状况进行研究能够为构建大学生思想政治教育的施教体系提供学理依据。另一方面，深入研究大学生思想政治教育接受过程中存在的主要问题及影响因素，为优化受教过程提供现实依据。一是接受过程中存在的主要问题。研究大学生思想政治教育接受过程会涉及知、情、意、行四个维度的基本状况，接受过程中的优势维度，接受过程中的劣势维度，接受过程中存在问题等多个方面。二是接受过程的影响因素。从接受主体内部来讲，大学生自身个性倾向性如需要、动机、理想、价值观和大学生个体心理特征如能力、性格、气质的状况会对接受过程产生影响。从接受主体外部来讲，教育主体、接受环体、接受介体等因素会对接受过程产生影响。对大学生思想政治教育接受过程中的问题和影响因素进行研究能够为优化大学生思想政治教育的施教体系提供现实依据。

（三）推进大学生思想政治教育科学发展的必由之路

大学生思想政治教育的科学发展离不开对新时代大学生群体本身和大学生思想政治教育接受环境的全面了解，离不开对新时代大学生思想政治教育接受过程的深刻把握。其中，对新时代大学生群体本身和大学生思想政治教育接受环境的全面了解是对大学生思想政治教育接受过程深刻把握的基础和前提，对大学生思想政治教育接受过程的深刻把握是科学构建和完善新时代大学生思想政治教育体系、提高思想政治教育针对性、确保思想政治教育实效性的必然要求，是推进大学生思想政治教育科学发展的必由之路。

第二章

新时代大学生思想政治教育接受过程的
理论基础和知识借鉴

　　任何一项课题的深入研究都离不开基础理论的支撑和相关学科的借鉴，基础理论为课题研究夯实根基，相关学科为课题研究开拓思路。马克思主义作为科学的世界观和方法论，对自然科学和社会科学的研究具有普遍的指导意义。马克思主义关于人的主体性理论、马克思主义需要理论、马克思主义灌输理论、马克思主义认识论等为本研究奠定了理论基础。然而，马克思主义作为宏观的理论指导具有较高的抽象性和通约性，在具体的操作层面存在一定局限性。因此，研究过程还需要借鉴相关学科的知识。本书主要借鉴了释义学、传播学、心理学、社会学以及行为学中的接受理论。

一　新时代大学生思想政治教育接受过程的理论基础

（一）马克思主义关于人的主体性理论

　　马克思在继承和批判黑格尔的唯心辩证法和费尔巴哈的朴素唯物主义的基础上，站在历史唯物主义的立场上对人的主体性理论作了深刻的阐述。马克思恩格斯认为，推动人类历史不断向前发展的主体是人，"创造这一切、拥有这一切并为这一切而斗争的，不是'历史'，而正是人，现实的、活生生的人"①，

---

　　① 《马克思恩格斯全集》（第 2 卷），人民出版社，1957，第 118 页。

"历史不过是追求着自己目的的人的活动而已"①。马克思主义认为，作为主体的人具有四个方面的属性。第一，客观实在性。作为主体的人，是物质世界高度发展的产物，它在本质上是属于自然界的。客观存在的个体"是自然存在物"，"是肉体的、有自然力的、有生命的、现实的、感性的、对象性的存在物"。② 第二，社会历史性。人不仅是自然的存在物，还是社会的存在物，在本质上是一切社会关系的总和。"人不是抽象的蛰居于世界之外的存在物。人就是人的世界，就是国家，社会。"③ 第三，思维意识性。人的实践活动是一种有意识、有目的、能动性活动。正是基于这一点，马克思曾说："最蹩脚的建筑师从一开始就比最灵巧的蜜蜂高明的地方，是他在用蜂蜡建筑蜂房以前，已经在自己的头脑中把它建成了。"④

大学生思想政治教育接受过程的实质是大学生基于自身需要，内化和外化思想政治教育内容。这表明该过程具有鲜明的主体性特征。因此，如何认识主体及主体理论，直接决定和影响大学生思想政治教育接受过程研究的思路、方法和走向。一方面，要高度重视大学生的主体性。大学生不是抽象的、概念性的个体，而是具有思维意识的主体，在思想政治教育接受活动中能够依据自身判断，选择思想政治教育内容。因此，在大学生思想政治教育接受过程中，教育主体要充分合理地激发和调动大学生的主体性。另一方面，要杜绝夸大大学生主体性的错误认识。注重主体性研究本是一种进步，但也要防止片面强调主体性的错误认知。研究大学生主体性不是为了迎合而是为了提升和改善，使大学生思想政治教育接受逐渐与社会主导价值目标相吻合、相一致。

（二）马克思主义需要理论

"需要"在马克思主义理论中具有极其重要的地位，是考察分析人类历

---

① 《马克思恩格斯文集》（第1卷），人民出版社，2009，第295页。
② 《马克思恩格斯全集》（第3卷），人民出版社，2002，第324页。
③ 《马克思恩格斯选集》（第1卷），人民出版社，1995，第1页。
④ 《马克思恩格斯选集》（第2卷），人民出版社，1995，第178页。

史活动的根本出发点。马克思关于人类需要的特殊性、层次性和发展性这三个问题的精辟论述，为认识大学生的需要心理，探索思想政治教育的接受动力提供了思路。第一，需要的特殊性。人的本质是三重生命的存在，即人直接地是自然存在物、是社会存在物、是自由的有意识的活动的存在物，具有鲜明的个性化特征。个人作为社会存在物，懂得怎样把握自己所处的自然环境和社会环境。第二，需要的层次性。在马克思的论述中，对人的需要主要作了如下划分：生存需要、享受需要和发展需要；第一需要和新的需要；表面需要和本质需要；有效的需要和无效的需要。第三，需要的发展性。马克思认为，人的需要是发展的，需要的满足无止境，"需要是同满足需要的手段一同发展的，并且是依靠这些手段发展的"[1]。

需要是接受的动力，在大学生思想政治教育接受活动中，必须考虑到接受主体需要的满足。一方面，基于人的本性理解大学生思想政治教育需要。人既是自然存在物，又是社会存在物。"任何人不仅生活在纯粹的自然环境中，而且生活在与其他人的相互关系和相互作用中。"[2] 因此，大学生思想政治教育的接受需要既不取决于接受主体的意志、意识，也不取决于接受主体的生理、心理的感受，"而是取决于人的社会本性，取决于人在生产关系中的地位，取决于人的客观生活的条件，只是被个体意识到以后，才转化为个体的内在要求、心理意愿或心理倾向"[3]。另一方面，基于需要的层次性和发展性理解大学生思想政治教育接受动力。在接受主体的需要中要充分考虑到需要的层次性和发展性，针对接受主体需要的既有层次和发展层次，适时调整思想政治教育内容和方法，引导接受主体不断实现自我完善和自我发展。

（三）马克思主义灌输理论

灌输理论是马克思主义的重要原理，俄语译为"充实"。关于灌输理

---

① 《马克思恩格斯全集》（第 23 卷），人民出版社，1972，第 559 页。
② 彭柏林：《道德需要论》，上海三联书店，2007，第 17~18 页。
③ 彭柏林：《道德需要论》，上海三联书店，2007，第 79 页。

论，马克思主义革命导师作过经典论述。马克思、恩格斯关于灌输的论述构成了灌输理论的思想源头。"考茨基对马克思和恩格斯思想的发挥，赋予灌输论以较为系统的理论形态；列宁在新的时代条件下，进行了新的理论创造，形成了灌输论完整科学的理论体系。"① 这为新时代准确理解大学生思想政治教育接受过程提供重要指导。第一，马克思恩格斯关于灌输的理论。灌输并不等于将社会主义思想硬塞进人的头脑中。恩格斯告诫参加美国工人运动的德国工人阶级先进分子，不要把革命理论当作救赎的教条硬灌给美国工人阶级。他指出："我们的理论是发展着的理论，而不是必须背得烂熟并机械地加以重复的教条。越少从外面把这种理论硬灌输给美国人，而越多由他们通过自己亲身的经验（在德国人的帮助下）去检验它，它就越会深入他们的心坎。"② 第二，列宁关于灌输的理论。19世纪末20世纪初，列宁在反对工联主义和"经济派"的斗争中阐明了灌输理论。他指出，"工人本来也不可能有社会民主主义的意识。这种意识只能从外面灌输进去，各国的历史都证明：工人阶级单靠自己本身的力量，只能形成工联主义的意识"③。因此，他主张从外面灌输进去，不仅强调从工人群众的头脑外面灌输进去，更重要的是提高工人群众的认识水平，引导工人群众从经济斗争范围之外，从阶级斗争和政治斗争的高度去认识问题。"灌输"就是用马克思主义的立场、观点、方法武装群众头脑，引导群众树立科学的世界观和方法论。第三，党的领导人关于灌输的理论。毛泽东在农村开展政治工作时指出："政治工作的基本任务是向农民群众不断地灌输社会主义思想，批评资本主义倾向。"④ 邓小平认为，思想政治教育只有和健全的制度、严格的法纪相结合，才能取得良好效果。他指出："实行开放政策必然会带来一些坏的东西，影响我们的人民。要说有风险，这是最大的风险。我们用法律和教育这两个手

① 孙来斌：《列宁的马克思主义理论教育思想研究》，中国社会科学出版社，2003，第89页。
② 《马克思恩格斯选集》（第4卷），人民出版社，1995，第681页。
③ 《列宁选集》（第1卷），人民出版社，1995，第317页。
④ 《建国以来重要文献选编》（第7册），中央文献出版社，1993，第213页。

段来解决这个问题。"① 江泽民提出了宣传、灌输的具体方法,即"以科学的理论武装人,以正确的舆论引导人,以高尚的精神塑造人,以优秀的作品鼓舞人"②。由此可见,关于灌输的方法并不是强制性的,而是基于一定的历史条件和现实环境,引导和帮助人们去理解、掌握革命理论。

大学生思想政治教育实践要坚持灌输理论的合理内核,坚持有所为有所不为的原则,推动灌输理论与时俱进地创新发展。第一,确保灌输内容的时代性。灌输内容从根本上决定灌输效果,大学生思想政治教育的灌输内容要能够反映党的最新理论成果,主动占领意识形态制高点。第二,坚持灌输对象的主体性。新的时代条件下,大学生思想呈现出"多元化、多层次"的复杂特点。要达到良好的灌输效果,就要充分认识大学生思想品德形成发展规律,尊重接受主体的多样性和差异性,调动接受主体的积极性和主动性,分层灌输,分类引导。第三,坚持灌输主体的主导性。大学生思想政治教育灌输主体作为灌输的设计者、引导者、调控者,在灌输过程中居于主导地位。灌输主体要立场坚定、旗帜鲜明,具备过硬的政治素质和良好的业务能力,能够准确把握和及时调控灌输的进程,发挥主导作用。

(四)马克思主义认识论

辩证唯物主义认识论即马克思主义认识论是能动的革命的反映论,坚持了唯物主义反映论,反对了唯心主义先验论;把科学的实践观引入认识论,强调社会实践是认识的基础;把辩证法贯彻于反映论,克服了直观的、被动的反映论。具体体现在以下几点。第一,认识的主体属性。马克思明确指出:"从前的一切唯物主义——包括费尔巴哈的唯物主义——的主要缺点是:对对象、现实、感性,只是从客体的或者直观的形式去理解,而不是把它们当作人的感性活动,当作实践去理解,不是从主体方面去理解。"③ 由此可见,马克思认为,主体在认识活动中会自觉地将自身因素投入认识过

---

① 《邓小平文选》(第 3 卷),人民出版社,1993,第 156 页。
② 《江泽民文选》(第 1 卷),人民出版社,2006,第 563 页。
③ 《马克思恩格斯选集》(第 1 卷),人民出版社,1995,第 58 页。

程，融于认识结果而使认识不可避免地带有主体属性。恩格斯也强调，强制群众去接受或认同某种理论，不但是无效的，而且是有害的。第二，认识的实践来源。马克思主义认为人的认识主要源于物质的生产活动。人们通过实践使客观对象直接作用我们的感觉器官，进而反映到头脑中来，形成大量的感觉材料。主体在思维的作用下，对感觉材料加以去伪存真、去粗取精、由此及彼、由表及里，获得对事物的理性认识。第三，认识的辩证过程。认识的发展是在实践基础上的充满矛盾的辩证发展。"实践的发生、发展和消灭的过程是无穷的，人的认识的发生、发展和消灭的过程也是无穷的。"[1] 对于复杂事物的认识，往往要经过由实践到认识、由认识到实践的多次反复才能完成。认识的辩证过程就是从感性认识能动地发展到理性认识，又从理性认识到能动地指导革命实践，改造主观世界和客观世界。实践、认识、再实践、再认识，循环往复以至无穷。

思想政治教育内容的接受以对思想政治教育内容的认识为前提，大学生思想政治教育接受离不开马克思主义认识论的指导。第一，接受具有主体性。大学生基于各自不同的认知图式、成长经历，对相同的思想政治教育内容接受程度不同，体现出鲜明的个体差异，因此，教育过程要因人制宜。第二，要大量获取思想政治教育内容。大学生思想政治教育接受以内容的获取为前提，要多渠道为大学生提供思想政治教育内容。第三，要重视反复教育。思想政治教育接受不是一蹴而就的，而是需要一个过程，因此，大学生思想政治教育不能"水过地皮湿"，要重视反复教育，确保教育实效。

（五）马克思主义关于党性修养理论的中国化

重视党性修养历来是我党建设的重要方面。社会主义革命和建设时期，党的领导人基于形势的发展变化适时提出关于党性修养的重要理论。第一，关于党性修养的重要性。党性修养作为关系到保持党的先进性的一个重要问

---

[1]　周向军、车美萍主编《马克思主义经典著作精选与导读》，山东大学出版社，2005，第306页。

题，历来受到中国共产党的重视。刘少奇曾说："为了保持我们无产阶级的先锋战士的纯洁，提高我们的革命品质和工作能力，每个党员都必须从各方面加强自己的锻炼和修养。"① 邓小平早在改革开放之初就明确提出："党和政府愈是实行各项经济改革和对外开放的政策，党员尤其是党的高级负责干部，就愈要高度重视、愈要身体力行共产主义思想和共产主义道德。"② 江泽民在《共产党员尤其是领导干部要增强党性锻炼》一文中指出："共产党员的党性锻炼，说到底是树立和坚持正确的立场、世界观的问题。"③ 他将党性修养问题提升到世界观和人生观的理论高度。胡锦涛从党和国家事业发展的全局出发，提出要把党性修养摆在"新的伟大工程"的突出位置来抓。习近平指出："党性是党员、干部立身、立业、立言、立德的基石。决定一个人如何的是品行，决定一名党员如何的是党性。党性不可能随着党龄的增加而自然增强，也不可能随着职务的升迁而自然增强，必须在严格的党内生活锻炼中不断增强。"④ 第二，关于党性修养的内容。党性修养的内容在各个历史时期各有侧重，体现出鲜明的历史特色和时代气息。江泽民指出："各级领导干部必须时时处处坚持重实际、说实话、办实事、求实效，必须大力发扬脚踏实地、埋头苦干的工作作风。"⑤ 胡锦涛提出加强党性修养要突出抓好六个方面的工作，即"着力增强宗旨观念，切实做到立党为公、执政为民""着力提高实践能力，切实用党的科学理论指导工作实践""着力强化责任意识，切实履行党和人民赋予的职责""着力树立正确政绩观，切实按照客观规律谋划发展""着力树立正确利益观，切实把人民利益放在首位""着力增强党的纪律观念，切实维护党的团结统一"。⑥ 习近平指出，"要练就'金刚不坏之身'，必须用科学理论武装头脑，不断培植我们的精

① 《刘少奇选集》（上卷），人民出版社，1981，第103页。

② 《邓小平文选》（第2卷），人民出版社，1994，第367页。

③ 江泽民：《论党的建设》，中央文献出版社，2001，第78页。

④ 《习近平关于全面从严治党论述摘编》，中央文献出版社，2021，第111页。

⑤ 《江泽民文选》（第3卷），人民出版社，2006，第134页。

⑥ 《胡锦涛在十七届中央纪委三次全会上发表重要讲话强调　加强领导干部党性修养弘扬良好作风　继续推进党风廉政建设和反腐败斗争》，《人民日报》2009年1月14日，第1版。

神家园"①。第三，关于党性修养的途径。邓小平主张，党性修养需要在社会主义改革和建设中进行，在积极参与和从事社会主义改革和建设的实践中加强党性修养。江泽民认为学习在提高共产党人的修养方面具有极端重要性，提出要通过不断学习不断改造和提升自己的世界观和人生观，使自己的党性与新时期党的执政理念相一致。胡锦涛强调，要推进各方面体制机制创新，形成有利于加强党性修养的制度环境，促使领导干部把外在环境压力转化为内在修养动力，自觉加强党性修养。习近平指出："党性不可能随着党龄的增加而自然增强，也不可能随着职务的升迁而自然增强，必须在严格的党内生活锻炼中不断增强。"② 要自觉做坚持民主集中制的表率，充分发扬党内民主；要坚持民主生活会制度，用好批评与自我批评的有力武器；要推动党内生活创新，探索建立专题党日活动等制度，激发党内生活活力。

　　大学生思想政治教育接受过程也是接受主体自身修养不断提升的过程，两者相辅相成、相互促进，具有内在契合性。马克思主义关于党性修养理论的中国化对研究大学生思想政治教育接受过程具有重要的指导意义。第一，高度重视自我教育、自我发展和自我完善。大学生思想政治教育接受过程说到底是大学生对思想政治教育内容的认知、认同的过程，接受过程实效性的提高除了依赖施教过程作用的发挥之外，更为重要的是接受主体自身对思想政治教育内容的全面理解和深刻把握，这是接受的前提条件。因此，大学生要树立终身学习的理念，重视自我教育、自我发展和自我完善。第二，接受方式要坚持理论学习和实践锻炼相结合。一方面要重视相关理论学习。学习内容包括马克思列宁主义、毛泽东思想和中国特色社会主义理论体系。另一方面要重视实践锻炼。思想政治教育接受过程的完整性表现在知、情、意、行四个方面，要重视在实践中检验认识、加深认识，提高思想政治教育接受的实际成效。第三，接受内容要与时俱进，凸显时代特色。思想政治教育内容随着社会历史的发展和形势任务的变化被注入新的

---

①　《习近平关于社会主义文化建设论述摘编》，中央文献出版社，2017，第61页。

②　《习近平关于全面从严治党论述摘编》，中央文献出版社，2021，第111页。

时代元素，大学生思想政治教育内容要凸显时代特色，用最新的理论武装头脑、指导言行。

（六）马克思主义关于思想政治教育理论的最新成果

思想政治教育是求变求新的活动。习近平指出："做好高校思想政治工作，要因事而化、因时而进、因势而新。"① 新时代，我国大学生思想政治教育进入新发展阶段，彰显出鲜明的系统性创新表征。

1. 新的理论维度：开辟思想政治教育创新道路，为新时代大学生思想政治教育接受夯实根基

"任何一种新事业的推进，都离不开一定的理论创新为其呐喊、导航、支撑"②，新时代大学生思想政治教育创新是在相关理论指导下的创新，因此，新时代大学生思想政治教育的系统创新也首先体现为理论创新。

党的领导理论，明确解答党为什么领导、领导什么、如何领导的问题。习近平强调："加强党对教育工作的全面领导，是办好教育的根本保证。"③新时代党的领导理论具有丰富的内容，党对高校思想政治教育的全面领导包括三重含义，即党为什么领导、党领导什么以及如何领导。应对新时代思想政治教育面临的前所未有的风险和挑战关键在党，实现新时代人才培养目标最坚强的领导主体，凝聚包括高校学生群体在内的各种力量最强有力的依靠是党。

"生命线"理论，鲜明回应高校治理什么、如何治理、治理旨归的问题。针对新时代思想政治教育面临的挑战和阻力、既有矛盾和潜在风险，习近平明确作出"思想政治工作是学校各项工作的生命线"④ 的论断。这一论断从时代和实践双重角度对思想政治教育内核和使命进行文本新演绎，从

---

① 《习近平谈治国理政》（第二卷），外文出版社，2017，第378页。
② 寇清杰：《中国共产党对马克思主义的理论自觉》，《人民论坛》2011年第26期。
③ 《习近平关于全面从严治党论述摘编》，中央文献出版社，2021，第77页。
④ 《习近平在全国教育大会上强调　坚持中国特色社会主义教育发展道路　培养德智体美劳全面发展的社会主义建设者和接班人》，《人民日报》2018年9月11日，第1版。

高校视域生动地彰显出思想政治教育的当代地位和作用。

"三全育人"理论，精准指导构建什么样的大格局、依靠谁构建大格局、如何构建大格局。"高校'三全育人'作为一种涉及多主体、多环节、多要素、多层次的复杂育人模式，是一个典型的复杂适应系统。"① "三全育人"理论把立德树人作为中心环节，并强调全员育人的参与性、全程育人的持续性和全方位育人的覆盖性。遵循"部门—队伍—全员"的构建理路，打造思想政治教育工作队伍、党务工作队伍及其他队伍命运共同体，构建全员育人格局；遵循"环节—持续—全过程"理路，通过构建可持续性的育人过程和环节，实现育人目标；遵循"领域—覆盖—全方位"理路，最终形成以家庭育人为基础、以学校育人为主体、以政府育人为主导、以社会育人为依托的全方位的育人合作机制。②

培养人的理论，深刻回答培养什么人、怎样培养人、为谁培养人的问题。培养什么人的时代追问是新时代高等教育的首要之问，新时代高校思想政治教育从民族复兴的战略高度，以培养堪当民族复兴大任的时代新人为目标，确保党和国家的各项事业后继有人。实现新时代育人目标，"必须牢牢抓住全面提高人才培养能力这个核心点，并以此来带动高校其他工作"③。

2. 新的使命维度：标识思想政治教育发展目标，为新时代大学生思想政治教育接受举旗定向

思想政治教育必须首先明确自己的使命，必须清楚为何而创新的首要问题。新时代我国青年运动的主题、方向以及青年的使命都发生了具体变化，再现鲜明的新时代特征，即"为实现'两个一百年'奋斗目标、实现中华民族伟大复兴的中国梦而奋斗"④。思想政治教育的使命要求与之相适应、相匹配的思想政治教育目标。纵观党的百年历程，中国共产党在人才培养目标

① 朱浩：《高校"三全育人"系统生成发展的机理研究——基于 CAS 理论的视角》，《系统科学学报》2020 年第 4 期。
② 陈慧军：《新时代大学生思想政治教育系统创新研究》，《系统科学学报》2024 年第 2 期。
③ 《习近平谈治国理政》（第二卷），外文出版社，2017，第 377 页。
④ 习近平：《在纪念五四运动 100 周年大会上的讲话》，人民出版社，2019，第 6 页。

上不间断地进行着时代探索，即经过了培养反帝反封建的"先锋队"（1919～1949 年）—培养"无产阶级的革命接班人"（1949～1978 年）—培养社会主义事业建设者和接班人（1978～1992 年）—培养有"中国特色社会主义事业的建设者和接班人"（1992～2002 年）—培养"中国特色社会主义事业的合格建设者和可靠接班人"（2002～2012 年）—培养"担当民族复兴大任的时代新人"（2012 年至今）的百年嬗变过程。面对"两个大局"，这一变化过程对新时代大学生思想政治教育也有了更高的要求，深刻地表明要站在中华民族伟大复兴的战略高度从事育人实践活动。①

3. 新的路径维度：开拓思想政治教育实施路径，为新时代大学生思想政治教育接受提供方略

对象精准化。精准思想政治教育的产生，既有党的理论探索和社会主要矛盾的转化理论源流，也有实现人才培养目标，实现中华民族伟大复兴历史使命的现实基础，是解决新时代高校思想政治教育难题的法宝。

原则科学化。新时代高校思想政治教育以相关规律为遵循，按照准确识变、积极应变、主动求变的要求，遵循科学的基本尺度，进行严密的逻辑判断，坚持理论与实践相统一、显性和渗透相融合、人文和规律相依存、阶段和长期相维持的基本原则，确保新时代思想政治教育有序进行。

方法现代化。在历史新方位下，新时代大学生思想政治教育的开展越来越具有现代性的特征，集中体现在理论灌输突出精准滴灌，榜样示范突出"时代楷模"，自我教育注重危机培养，实践锻炼强调砥砺践行等。

内容体系化。新时代高校思想政治教育内容彼此相互交织，主要包括五大部分，其中道德教育解决立德树人问题，以道德教育为根本内容锚定立德树人"定盘星"；理想信念教育解决"总开关"问题，以理想信念教育为核心内容筑牢健康成长"思想坝"；学习教育确保学生成长成才，以学习教育为基础内容把稳成长成才"风向标"；实践教育关系知信行相统一，以实践教育为关键内容抬升思想政治教育"标尺线"；身心教育保障学生思想和行

① 陈慧军：《新时代大学生思想政治教育系统创新研究》，《系统科学学报》2024 年第 2 期。

为养成，以身心教育为重要内容强壮青年学生"身心骨"。

4. 新的格局维度：构建思想政治教育美好愿景，为新时代大学生思想政治教育接受激发动力

新时代高校"大思政"格局的路径创新，是在"三全育人"合力支撑下的创新，并坚持把破解高校思想政治教育不平衡不充分问题作为出发点。具体体现在紧紧围绕立德树人根本任务，以理想信念教育为核心，牢牢把握社会主义核心价值观价值引领主线，抓住人才培养这个关键点，以队伍建设、环节持续、领域覆盖为要求，强化思想政治教育工作队伍、党务工作队伍、其他队伍等多重队伍建设，聚力教学、管理、服务、指导、研究五大育人环节，充分发挥家庭、学校、政府、社会的育人功能，进而构建四大范畴育人体系，打破全员育人、全过程育人和全方位育人中的制约因素，最终实现"大思政"格局下的育人目标。

二　新时代大学生思想政治教育接受过程的知识借鉴

思想政治教育学的综合性特征，决定了在以马克思主义为学科理论基础的同时，还必须借鉴吸收其他学科的合理理论和方法。同时，社会发展与时代变迁背景下，思想政治教育有效性面临的挑战也要求我们从其他学科中汲取营养，借鉴融合相关学科的知识于研究之中。思想政治教育领域如此，思想政治教育接受过程研究亦是如此，在以马克思主义为理论基础的同时，还要积极借鉴其他学科知识。

（一）释义学中的接受理论

释义学一词最初的意思是"解释"，即让隐秘的东西显现出来，使不清楚的意义变得明晰。释义学最早可以追溯到两千年前的古希腊，其发展历经古典释义学、现代释义学、哲学释义学三个阶段。

古典释义学。古典释义学产生于19世纪早期，代表人物施莱尔马赫和狄尔泰。古典释义学从典籍文本出发，克服历史时间间距，复原它们所

象征的原初世界。其核心观点就是文本中心主义的理解观。在狄尔泰这里，"理解被看成为克服历史时间间距的隔膜而进行的想象的投射或自我的移输"①。

现代释义学。现代释义学的代表人物是海德格尔。海德格尔反对古典释义学以主客体分离为起点到追求主体对客体的"复原""一致"为目的的研究思路，认为理解是作为"定在"的人对"存在"的理解，而作为理解者的"定在"的人对"存在"的理解不可能是"纯客观"的。"定在"是海德格尔的前理解状态，由"前有""前见""前设"组成。"前有"指预先有的文化习惯，"前见"指预先有的观念系统，"前设"即预先有的假设。由此可见，他认为一切释义都是以理解的前结构为基础和条件，古典释义学所追求的建立在主客体分裂基础上的所谓"客观知识"是不存在的。

哲学释义学。哲学释义学的代表人物是伽达默尔。海德格尔的现代释义学思想被其学生伽达默尔继承和发展，1960年伽达默尔的代表作《真理与方法》一书出版，标志着释义学由现代释义学走向哲学释义学阶段。伽达默尔在继承海德格尔基本观点的基础上，把解释者与文本看作相互依存和相互作用的关系，进一步强调了理解的条件性与历史性，提出"合法的成见""效应历史""视野融合"的观点。一是"合法的成见"。伽达默尔把理解者的"成见"看作"合法的成见"，认为真正的理解不是去克服历史的"局限"，而是正确适应理解的历史性。解释者的"成见"会在理解过程中得到检验和修复。二是"效应历史"。伽达默尔认为历史先于我而存在，任何历史学家都需要置身其中加以研究，理解总是带有自己的成见。"一种正当的释义学必须在理解本身中显示历史的有效性，伽达默尔将这样一种历史叫作效果历史。"② 三是"视野融合"。解释过程中存在解释对象本文的历史视野和解释者自身的现实视野，两种视野不能随意抛弃，只有逐步融合，才能实现真正意义上的理解。

---

① 胡木贵、郑雪辉：《接受学导论》，辽宁教育出版社，1989，第33页。
② 张汝伦：《意义的探究——当代西方释义学》，辽宁人民出版社，1986，第90页。

　　释义学的理论为大学生思想政治教育接受过程的研究提供了重要借鉴。一方面，接受主体和接受对象之间相互依存和相互作用。大学生与思想政治教育内容之间不可能是纯粹的接受和被接受的关系，而是相互生成和相互发展的关系。任何思想政治教育内容只有进入大学生的视野，在与大学生的视野融合中才能实现其意义和价值。另一方面，接受主体和接受对象先于接受活动存在。就接受主体而言，接受活动受大学生"前理解状态"的影响和制约，要注重研究大学生的既有思想状况，为开展思想政治教育提供依据。就接受对象而言，大学生思想政治教育内容具有特定的历史意蕴，这种历史意蕴既是接受对象构成的条件，又是接受对象进一步发展的基础。因此，在大学生思想政治教育接受过程中要注重研究接受对象的历史特性，挖掘时代价值，寻找历史与现实的契合点以提高其接受度。

　　（二）传播学中的接受理论

　　传播学起源于 20 世纪初期，在 20 世纪 40 年代的美国作为一门学科发展起来。在传播学视野中，受众就是指信息传播的接收者，但受众并非消极被动的接收者，而是积极的参与者，可以说是整个传播活动中最活跃的决定性因素，西方对大众传播过程中的接受活动展开研究，先后提出"靶子论"、"个人差异论"、"社会类型论"（或"社会范畴论"）和"社会关系论"等观点。

　　早期的"靶子论"注重以传播者和信息为中心开展研究，忽视对受众的研究。这一理论认为，在大众传播过程中受众是一个消极、固定不动的"靶子"，完全处于消极被动地位，因此，传播媒介以巨大且不可抗拒的力量把思想、知识或动机从一个人头脑里几乎不知不觉地灌输到另一个人的头脑里。但实践与研究证明，传播效果的好坏并非完全由传播媒介和传播者决定，在更大程度上是由传播受众决定的。受众并没有被大众传播的"子弹"所穿透，受众拒绝接受传播媒介的某些内容，或者似乎被"击中"，但"拒绝倒下"，没有按照传播媒介的预期作出行为选择。可以说受众的观点和态度直接决定了对传播信息的选择和取舍，离开受众的接受，任何传播活动都是低效或无效的。在这一认识下，传播学开始对受众进行理论研究。

"个人差异论"则抛弃了"靶子论"思想，以"刺激—反应论"为理论基础，从行为主义角度描述受众特征，强调受众千差万别的个人特性决定接受活动。正如美国学者鲍尔指出："受传者中的每个成员特别注意选择那些同他的兴趣有关，同他的立场一致、同他的信仰吻合，并且支持他的价值观念的信息。他对这些信念的反应受到他的心理构成的制约……现在可以看到，传播媒介的效果在广大受传者中远不是一样的，而是千差万别的，这是因为每个人在心理结构上是千差万别的。"[1] "个人差异论"的理论贡献在于促使人们重视个人的心理因素对受众的媒介信息接受行为的影响，从而使得传播学对于受众的研究从分析受众成员的心理入手。

"社会类型论"或"社会范畴论"则认为，受众个人差异是必然的，但还具有社会同一性，个人接受活动受到生活于其中的社会群体的影响和制约。这一理论观点主要强调社会成员个体是有选择性地接受所传播的信息，其社会地位影响其接受活动，这种社会地位是由年龄、性别、文化水平、收入水平等要素决定的，因而生活在同一社会群体中的受众对信息可能会有大体一致的反应。根据这一理论，传播者就可以根据不同社会群体的特点设计和制作信息，使得所传播的信息更具吸引力，提高其接受实效。

"社会关系论"强调分析受众成员日常的社会关系对媒介信息接受行为的影响。根据这一理论，受众成员的种种社会关系左右着他们对媒介信息的选择，从而制约着大众传播的效果。其理论观点主要如下。社会成员的社会关系影响着信息的接受成效，特别是人们的选择性接受决策容易受到家庭、朋友、熟人等具有较为亲密关系的人的影响，研究证明："人们之间相互影响左右着受众成员对大众传播信息的反应及对创新事物做出采纳与否的决策。"[2] 在前述主要理论观点之外，关于受众理论研究还有文化规范论和信息平衡论，其中，信息平衡论认为信息流动是从高密度地区向低密度地区流

---

[1] 中国社会科学院新闻研究所、世界新闻研究室编《传播学（简介）》，人民日报出版社，1983，第19页。

[2] 周庆山：《传播学概论》，北京大学出版社，2004，第182页。

动，由此提出取消传与受的绝对观念，强调传受互动的观点。

由此可知，只有充分调动受众的主观能动性和创造性，传播才能得以充分展开，并发挥其效能。我国学者董天策指出："不要把读者、听众和观众当作消息情报的被动接受者。大众媒介的负责人应该鼓励他们的读者、听众和观众在信息传播中发挥更加积极的作用。"① 传播学中受众理论研究成果为本研究提供了很好的理论启示，提醒我们要根据个体或群体特点，充分把握受众的社会关系类型，充分调动受众的积极性和主动性，加强对话式教育，而不是将之看作被动消极的信息接收者，增强其在接受活动中的主体性、参与性和兴奋性。

（三）心理学中的接受理论

思想政治教育内容是涉及人们情感、意志和信念的一种特殊的精神现象。作为一种社会意识形态，接受过程是外在社会道德要求与内在主体心理需要矛盾运动的过程，研究大学生思想政治教育接受过程的特征、机制、规律等，必然需要借鉴心理学的研究成果。

1. 行为主义学派的社会学习理论

社会学习理论从本质上属于行为主义范畴，但又不能与行为主义完全等同。行为主义学派代表人物斯金纳强调外显行为的强化，排斥主体内部心理活动。他认为，当某些行为得到别人赞同并因此而得到强化时，才能习得社会行为。社会学习理论的奠基人班杜拉通过大量的实践研究得出："学习是指个体通过对他人的行为及其强化性结果的观察，从而获得某些新的行为反应，或已有的行为反应得到修正的过程。"② 班杜拉的社会学习理论考虑了主体内在认知的各种变量，但研究的重点仍放在对外界榜样的模仿上，就其本质而言仍属于行为主义。

社会学习理论为研究大学生思想政治教育接受过程提供重要启示。一方

---

① 董天策：《传播学导论》，四川大学出版社，1995，第 283 页。
② 莫雷主编《教育心理学》，教育科学出版社，2007，第 43 页。

面，利用正面典型示范。一个好的典型就是一面旗帜，要树立先进典型，使大学生在社会这个"大熔炉"中受到启发、熏陶。另一方面，利用反面典型警示。利用反面人物和事件作素材进行警示，使大学生从中吸取教训，引起内心震动，避免重蹈覆辙。

2. 认知学派的道德发展阶段理论

认知学派认为，道德判断的水平与人的认知发展水平密切相关。该学派代表人物是皮亚杰和科尔伯格。皮亚杰是心理发展的阶段论者，他认为每一个阶段都具有典型特征，各阶段的发展次序是固定的，前一阶段与后一阶段具有连续性，前一阶段是后一阶段的前提，也是后一阶段量的积累过程，先前的认知结构包含并融合在后续的结构之中。皮亚杰将道德认知发展分为三个阶段，即前道德判断阶段、他律道德判断阶段、自律道德判断阶段。沿着皮亚杰的认识路线且有所发展的代表人物是美国心理学家科尔伯格。科尔伯格引用故事"海因兹偷药"，通过设定两难问题判定儿童道德思维发展，将道德发展分为三个水平、六个阶段。三个水平分别为前习俗水平、习俗水平、后习俗水平，六个阶段分别为惩罚和服从的定向阶段、手段性的相对主义的定向阶段、人与人之间的定向阶段、维护权威或秩序的道德定向阶段、社会契约的定向阶段、普遍的道德原则的定向阶段。科尔伯格认为，道德发展的阶段越高，自我中心主义越少，当达到"后习俗水平"后，人们就具有为崇高原则献身的精神。

道德发展阶段理论为研究大学生思想政治教育接受过程提供重要启示。大学生思想政治教育要注意考察接受主体的接受特性与接受内容的关系，大学生思想政治教育内容既不能低于也不能高于大学生现有思想道德水平。低于现有思想道德水平，教育就会失去意义；高于现有思想道德水平，教育就会成为空洞说教。在大学生思想政治教育接受过程中，教育内容要适应大学生的接受能力，以实现最优的接受效果。

3. 人本主义学派的需要层次理论

人本主义心理学产生于 20 世纪五六十年代，代表人物马斯洛、罗杰斯。他们既反对将研究重点聚焦于外显行为也反对将研究重点聚焦于无意识领域，主张关注人的本质特性，研究人的尊严、价值、创造力和自我实现。人本主义心理学创始人马斯洛在其著作《人类动机理论》中首次提出了"需要层次理论"。他认为人的需要从低到高在总体上主要包括五个层次，即生理的需要、安全的需要、归属和爱的需要、尊重的需要和自我实现的需要。这五个层次的需要代表了人在发展中的五种生活状态，在层次上有高低之分，在实现顺序上也有前后顺序之别，前一层次需要的满足引出后一层次需要的展开。

人本主义学派的需要层次理论为研究大学生思想政治教育接受过程提供重要启示。不仅要注重研究大学生所处的需要层次及优势需要，而且要注重研究怎样提升大学生的需要层次，使其较快地进入以高级需要为主的需要层次，从而涵养高尚的思想道德品质。

（四）社会学中的接受理论

最早使用"社会化"概念的学科是社会学。"早在 19 世纪 90 年代中期，社会学著作中就开始经常地出现'社会化'及其同义词语，但在现实意义上使用'社会化'术语是在 20 世纪 30 年代末 40 年代初。"① 学者们基于不同的学科视角关注社会化。从社会的视角，我国学者认为社会学所研究的社会问题与思想政治教育在本质上有一致性，思想政治教育是社会化的手段，其过程就是人的社会化过程。从一定意义上说，接受的过程就是社会化的过程，就大学生思想政治教育接受过程而言，社会化理论值得关注与借鉴的内容主要包括以下几个方面。

社会化的条件。任何社会化都需要一定的内外部条件。内部条件指个体的生物基础，任何社会化都需要以人的生物遗传素质为基础，包括最基本的语言表达、思维逻辑等。外部条件指社会化所涉及的自然环境和社会环境，其中最主要的社会环境，包括家庭、学校、同辈群体、大众传媒等，不同的社会环境会导致主体社会化结果的差异。

---

① Kurt Danziger, *Socializaiton*, Harmondsworth：Penguin, 1971, p. 13.

社会化的途径。社会化的途径包括社会教化和个体内化两个方面。社会教化是指社会机构实施的社会化过程，属于社会化的外部机制。个体内化是指接受主体通过模仿学习、自我强化、实践活动等将内容转化为自身人格素质，属于社会化的内部机制。

社会化的过程。社会化是一个循序渐进、永无止境的过程，是阶段性与累积性的统一。个体在生理、心理不断成熟的基础上，通过参加社会实践活动，逐步实现社会化程度从较低层次向较高层次的过渡。

社会化理论对大学生思想政治教育接受过程的启示在于：大学生思想政治教育的接受除受个体基本能力和心理发展层次的影响外，还受到多重因素的影响，研究过程中需要综合考察；同时，要注重研究大学生在不同发展阶段的接受能力，将教育与自我教育相结合。

（五）行为学中的接受理论

思想政治教育接受行为属于人的行为的范畴，因此必然遵守人类行为的一般规律。行为科学作为研究人的行为及其变化的一般规律的科学，规定了接受行为的基本环节与过程，因此有必要加以借鉴。

行为是人面对情境时的反应动作，是人和环境交互作用的产物和表现。在心理学中，广义上的行为（behavior）是指"有机体对所处情境的所有反应的总和，包括一切内在和外在的生理性与心理性的反应"[1]，包括思维、语言及一切可以观察和记录的活动。这意味着行为包括内隐与外显两个阶段，内隐阶段是指行为的发动和演变绝大部分属于人的心理活动，如感知觉、记忆、思维、情绪和意志等；而外显阶段是行为的直接呈现阶段。人的行为是后天习得的产物（本能行为除外），"是在其先天遗传的基础上，经过后天环境的影响、教育和自觉学习的结果"[2]。这表明行为受到内在与外在两种机制的影响。其中，行为的内在机制即行为主体的生理与心理

---

[1] 黄希庭主编《简明心理学辞典》，安徽人民出版社，2004，第 435 页。

[2] 胡凯：《现代思想政治教育心理研究》，湖南人民出版社，2009，第 173 页。

机制。

人类行为首先是以其生理机制为物质基础的。心理机制主要包括按照一定方向进行的内脏系统活动的反应；而行为的生理机制涉及人的神经系统包括中枢神经系统（脑与脊髓等）、周围神经系统（脑神经与脊神经等）及其反射等活动。需要注意的是，行为发生的生理机制意味着在考察人的行为时要将人的生理发展阶段性及其特征考量在内，同时人们又总是用独特的心理过程去适应客观环境进而采取行动的，这种独特的心理过程就是行为的心理机制。

人类行为的发生除了生理机制和心理机制外，还受独特的外在环境的影响与制约，可以说行为是社会机制与生理机制交互作用的结果。人的行为的社会机制是指人的行为大都是通过学习、强化等社会环境的作用而形成的，这包括因环境影响而改变、修正与完善，环境条件可以启发、刺激和诱导人类行为。作为社会人，他人的态度与行为也影响那些与他们互动的人的行为。心理学家勒温曾将其表述为 B=f（P·E），公式中 B 指人的行为（behavior），P 指个体（person），包括一切内在因素，E 指环境（environment），人类行为是个体与环境交互作用所产生的结果。当然此处的"个体"与"环境"并不是独立的，而是相互关联的。

美国心理学家班杜拉提出的主体、行为与环境三者互惠模式清晰地表明了这种关系。主体与环境方面，主体通过行为来改造环境以适应自己的需要，同时环境也塑造着人；因此，人的主体性的生成实际上是主体内部因素与环境共同作用的结果。就主体与行为而言，一方面是主体的内在心理因素影响着主体的行为，这些心理因素包括主体的需要、信念、情感等；另一方面，行为的运行方式、结果及反馈同时也影响着主体的心理运动，包括情感与意志等。而行为与环境之间，环境是行为的目标对象，行为正是通过改变环境来满足主体需要的，但现实的环境条件也决定行为的方向与程度。

行为科学认为人类行为作为一种复杂的社会现象，是一个特定的系统性存在，行为系统是由内在需要、利益、情感、动机等与外在环境等诸因素所构成的整体。从静态考察看，即行为系统的结构，就是考察组成行为系统的要素的组织方式。从动态角度考察，则是行为系统的动态模型与运行机制。其中，生理机制是行为的物质基础，同环境因素和个体差异一起成为行为发生的前提条件。动机系统是行为系统中较为重要的一个子系统，决定行动的方向、轨道等。行动系统则主要包括计划制定、方式选择、行动实施等诸要素。反馈系统是行为的结果评判，结果实现会对主体产生正向强化，反之则可能会改变其决心与信心。

第三章

新时代大学生思想政治教育
接受过程的运行分析

人的思想观念从何而来？既非先天固有，也非外部授予，而是人们在社会实践中不断择取外部信息进行主观建构的结果。大学生思想政治教育接受过程的运行包括从发生、发展到完成整个接受内容所经历的各个阶段和环节。本研究遵循运行的一般流程，提取出大学生思想政治教育接受过程的运行前提、运行动力、运行线路、运行过程、运行阶段、运行机制、运行规律、效果测评八个基本问题，粗线条勾勒了大学生思想政治教育接受过程的运行态势。

一　新时代大学生思想政治教育接受过程的运行前提

大学生思想政治教育接受过程的运行离不开大学生与思想政治教育内容的相互作用。相对于大学生思想政治教育接受而言，思想政治教育内容具有先在性；相对于大学生思想政治教育内容而言，思想政治教育资源具有先在性。因此，研究大学生思想政治教育接受过程的运行前提首先要从思想政治教育内容和思想政治教育资源的先在性谈起。

（一）思想政治教育资源与思想政治教育内容的先在性

所谓思想政治教育资源，"是指在思想政治教育活动中，能够被教育者开发利用的、有利于实现思想政治教育目的的各种要素的总和"①。思想政治教育内容是一定历史阶段提取加工思想政治教育资源的成果，是教育主体用以开展思想政治教育的内容，具有鲜明的历史特色和时代特征。思想政治教育资源随着社会经济和科学技术的发展而不断发展。相对于思想政治教育内容而言，思想政治教育资源是一种先在性存在，没有思想政治教育资源，思想政治教育内容就成为无源之水、无本之木。然而，从思想政治教育资源到思想政治教育内容并不是一蹴而就、信手拈来的，而是需要经过复杂的加工过程，同时，思想政治教育资源开发利用的范围和程度均会受到社会历史条件的限制。如果说思想政治教育资源本身是一种加工成果，那么，思想政治教育内容就是加工成果的再加工。相对于大学生而言，思想政治教育内容又是一种先在性存在，没有思想政治教育内容，大学生思想政治教育接受就会陷入"无所指"的盲目游离。

（二）思想政治教育内容与大学生的思想状况保持适度张力

大学生思想政治教育接受发生的前提是大学生和思想政治教育内容的客观存在，然而，存在不一定发生，只是发生的必要条件。思想政治教育接受的发生还需要大学生的思想状况与思想政治教育内容保持适度张力，唯有如此，两者之间才能发生有效的作用和反作用。如果思想政治教育内容与大学生的思想状况之间保持过大的张力，就无法激发大学生的接受动力，接受就会成为空谈。如果思想政治教育内容与大学生的思想状况之间保持过小的张力，虽然易于被大学生接受，但是这样的接受几乎没有意义。只有两者之间保持适度张力，思想政治教育的有效接受才能顺利实现。大学生思想政治教育的接受过程就是从不平衡、平衡到新的不平衡再到新的平衡不断循环往复、螺旋上升的过程。

---

① 陈华洲：《思想政治教育资源论》，中国社会科学出版社，2007，第 25 页。

二　新时代大学生思想政治教育接受过程的运行动力

大学生思想政治教育接受过程的运行动力是指激发和驱使大学生认同社会所倡导的政治观点、思想体系、道德规范和行为准则，并将其内化为自己的认知图式，外化为行为的一种力量组合体系。其中，接受主体的自我需要作为接受的内在遵循，是思想政治教育接受过程运行的内动力。教育主体、接受介体、接受环体作为接受的外在条件，是思想政治教育接受过程运行的外动力。二者共同指向接受客体，构成大学生思想政治教育接受的合动力。

（一）接受过程运行的内动力

大学生思想政治教育接受过程运行的内动力源于大学生生存、发展和完善自己的需要。需要的内在属性和特点决定了接受的发生和延续。一方面，需要本身代表了一种显性和隐性的匮乏状态，这一匮乏状态决定了接受主体寻求满足、恢复平衡的态势和趋势；另一方面，需要的无限满足性决定了接受动力的连续性。马克思指出，"人以其需要的无限性和广泛性区别于其他一切动物"①。马克思恩格斯还指出，"已经得到满足的第一个需要本身、满足需要的活动和已经获得的为满足需要而用的工具又引起新的需要"②。

大学生生存、发展和完善自己的需要具体包括以下几点。第一，物质利益的需要。人类历史发展的客观规律告诉我们，对物质利益的追求，是人们从事一切社会实践活动的目的和动力。1935 年 9 月，中央红军攻下腊子口到达哈达铺之后，总政治部特别提出"大家要食得好"的口号，把改善伙食，加强营养作为一项政治任务来抓。邓小平曾说："不重视物质利益，对少数先进分子可以，对广大群众不行，一段时间可以，长期不行。革命精神

① 《马克思恩格斯全集》（第 49 卷），人民出版社，1982，第 130 页。
② 《马克思恩格斯文集》（第 1 卷），人民出版社，2009，第 531 页。

是非常宝贵的，没有革命精神就没有革命行动。但是，革命是在物质利益的基础上产生的，如果只讲牺牲精神，不讲物质利益，那就是唯心论。"① 大学生接受思想政治教育内容的动力，就是用所接受的理论正确认识自己的物质利益，并为争取更多利益作准备。第二，获取知识的需要。探索未知、获取真知是人类区别于其他动物的重要标志。对相关知识的掌握，既是大学生思想政治素质形成和提升的条件，也是其接受动力的源泉。大学生对思想政治教育领域所涉内容的疑虑，需要不断获取新知以解疑释惑。第三，自我完善的需要。新一轮科技革命对人类生产、生活和生存方式产生变革性影响，这种影响的广度和深度前所未有。大学生作为未来社会的中坚力量，需要注重科学知识与人文素养的协同发展，除具备较高的科学文化素质、身心健康素质外，还要有较高的思想道德素质。从大学生自我完善的角度来看，积极接受思想政治教育是题中应有之义。第四，政治参与的需要。按照马克思的理解，人是最名副其实的政治动物，有参与政治活动、获得政治权利、实现政治理想的需要。大学生要想成为合格的"政治人"，必须接受社会所倡导的政治思想、价值观念、是非标准，具备"政治人"所必需的政治素质和政治能力。

物质利益的需要、获取知识的需要、自我完善的需要、政治参与的需要，作为大学生接受动力系统的基本要素，以一定的方式相互联结、相互作用。其中，物质利益的需要是基础，获取知识的需要是先导，自我完善的需要是核心，政治参与的需要是重点。在动力系统中，除需要外，动机、兴趣、情绪、情感、意志等非理性因素在大学生思想政治教育的接受活动中也起着重要作用。

（二）接受运行过程的外动力

大学生思想政治教育接受运行过程的外动力指推动大学生接受思想政治教育内容、践行社会规范的外在力量，主要包括教育主体、接受介体、接受

---

① 《邓小平文选》（第2卷），人民出版社，1994，第146页。

环体。在大学生思想政治教育接受的外动力系统中，教育主体起主导作用，接受介体和接受环体起辅助作用。

第一，教育主体是大学生思想政治教育的承担者、发动者和实施者，其自身政治素质、理论素质、能力素质、人格品质对大学生产生重要影响。政治素质事关思想政治教育内容的导向性问题；理论素质事关能否准确理解和把握思想政治教育内容的问题；能力素质事关能否把理解的政治理论转化为授课内容用以开展大学生思想政治教育的问题；人格品质事关教育主体能否发挥榜样力量和示范效应影响大学生接受思想政治教育的问题。教育主体自身的素质和品质对大学生是否接受和在多大程度上接受思想政治教育内容具有重要影响，在大学生思想政治教育接受的外动力系统中起主导作用。第二，接受介体是思想政治教育内容传递的方式和途径，具有关联性、传导性和互动性的特点。从受教育的角度来看，接受介体是教育主体和接受主体相互联系的桥梁和纽带。没有接受介体，教育主体的思想政治教育内容无法实现输入和输出，大学生思想政治教育接受就会成为空谈。从自我教育的角度来看，接受介体是接受主体和思想政治教育内容建立互动关联的中介因素，是获取思想政治教育内容的必经渠道。在大学生思想政治教育接受的外动力系统中，接受介体在一定程度上决定思想政治教育接受的效果。第三，接受环体指与大学生思想政治教育有关的，对大学生思想政治素质的形成、发展产生影响的外部因素。思想政治教育接受总是在一定的思想政治教育环境中进行的。就大学生思想政治教育接受而言，接受环体主要包括社会这个层面。一般而言，当大学生的言行符合社会规范时，大学生会得到社会的认同和赞许，获得归属感和安全感。反之，大学生就会受到社会的拒绝和排斥，产生失落感。大学生在正反体验中，会逐渐认清自己的社会依赖，提高思想政治教育接受成效。

总之，大学生思想政治教育接受过程运行的内动力在接受动力系统中起主导作用，外动力起辅助作用，外动力作用的发挥必须通过内动力才起作用。两者在整个思想政治教育接受过程中主次分明、相互作用、协同发力，共同指向接受客体，构成大学生接受思想政治教育的合动力。

三　新时代大学生思想政治教育接受过程的
运行线路

新时代大学生思想政治教育接受过程的运行线路指思想政治教育内容按照什么样的路径被大学生所接纳。本书所阐述的新时代大学生思想政治教育接受过程的运行线路主要包括两条。

（一）运行线路1

一定历史时期纳入思想政治教育视野的教育内容经过教育主体学习理解之后，形成思想政治教育接受新质，思想政治教育接受新质经过教育主体的加工整理后形成教育内容用以开展思想政治教育活动，大学生在对所传导的内容认识理解的基础上，形成新的思想政治教育接受新质，指导自身的言行。我们把这一条线路称为教育过程，即思想政治教育内容在教育主体学习加工的基础上与大学生发生作用的过程。为了便于区分两个接受新质，本书将在教育主体作用下产生的接受新质称为接受新质Ⅰ，在大学生作用下产生的接受新质称为接受新质Ⅱ。

（二）运行线路2

一定历史时期纳入思想政治教育视野的教育内容经过大学生的认识理解之后，形成接受新质，指导自身的言行。我们把这一线路称为自我教育过程，即思想政治教育内容与大学生直接发生作用的过程。为了与线路1中出现的两个接受新质相区分，本书将其称为接受新质Ⅲ。便于直观了解，用图3-1呈现。其中，线路1是思想政治教育接受的主线路，线路2是思想政治教育接受的次线路。然而，无论是主线路还是次线路，最为关键的环节是思想政治教育内容到底如何被接受主体所接受和容纳，遵循一个什么样的逻辑机理，这是思想政治教育接受不容回避、必须应答的问题。

线路1：思想政治教育内容→教育主体→接受新质Ⅰ→教育内容→大学生→接受新质Ⅱ
线路2：思想政治教育内容→大学生→接受新质Ⅲ

图 3-1　大学生思想政治教育接受过程的运行线路

（三）运行逻辑链

新时代大学生基于个体认知图式，确立具有个性化的接受标准、接受目的及关注点，并在此作用下，注意识别思想政治教育信息。需要说明的是，思想政治教育信息可能是主动获取的资料、被动获取的信息，或者是潜移默化的信息，抑或阈下信息。接受主体在注意识别思想政治教育信息的基础上，对思想政治教育信息进行评判，主要有三种样态。一是与原有认知图式相一致，接受主体全部接受以强化原有认知图式。二是与原有认知图式不一致，接受主体全部否定，保持原有认知图式不变，这是常态；接受主体部分否定，部分改变和优化原有认知图式。三是与原有认知图式完全冲突，接受主体全部接受，根本改变原有认知图式，实现一场认知革命，这种情况非常少见。

接受主体在认知接受的基础上，基于一定的内外部条件，实现思想向行为的转化，这种转化为评价反馈提供参照，在自评和他评的基础上，再次作用于接受主体的认知图式。认知图式再次作用于接受主体的接受标准、接受目的及关注点，遵循思想政治教育接受过程的运行流程，实现曲折性前进和螺旋式上升。具体见图 3-2。

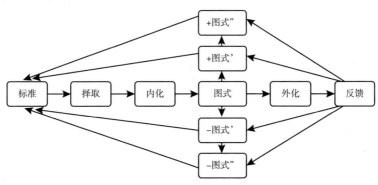

图 3-2　思想政治教育接受的逻辑链

四 新时代大学生思想政治教育
接受完整的运行过程

大学生思想政治教育接受是一个复杂的过程,不断经历从较低层次到较高层次的循环往复,实现对自身的超越。为了便于研究,我们截取大学生思想政治教育接受一个完整的运行过程。

(一)内化运行过程

大学生思想政治教育接受的内化运行过程主要按照以下环节渐次推进。第一,感觉环节。大学生思想政治教育接受过程从感觉开始,通过感觉器官与教育主体、教育内容、教育环境发生作用,获取思想政治教育的感觉信息。第二,知觉环节。大学生通过词语和概念把大量思想政治教育的感觉信息的个别属性联结成一个整体,获取思想政治教育的知觉信息。如图 3-3 所示,不是所有的感知觉信息都能顺利进入注意环节,只有小部分信息被意识注意才进入意识层面,大多数或者进入前意识层面,或者进入更深层次的潜意识层面。第三,注意环节。注意是指人在接受活动中对一定接受客体的指向和集中。在接受活动中,大学生有选择地指向那些有意义的、符合需要的、与当前活动有关的思想政治教育信息,并对输入的思想政治教育信息进行编码、存储和提取。而抑制和排除那些与接受无关的对象,以保证在接受活动中以最少的精力完成最重要的任务。在这一过程中部分思想政治教育信息同样流失,进入前意识、潜意识层面,无法进入记忆环节。第四,记忆环节。记忆是"人脑积累知识经验的一种功能"[1]。大学生思想政治教育接受的内化运行过程的一个重要环节就是将注意到的思想政治教育信息一部分进行记忆存储,在此基础上进行思维加工,而另一部分信息将会流失于前意识和潜意识层面。第五,思维环节。思维是人所特有的高级心理活动,具有间

---

[1] 林崇德、杨志良、黄希庭主编《心理学大辞典》(上),上海教育出版社,2003,第550页。

接性和概括性的特点。大学生依据已有的知识经验对记忆的思想政治教育信息进行认知辨析、加工整理，形成新的认识。整个内化过程，进入前意识层面的信息会在特定的情况下再次进入意识领域，而进入潜意识层面的信息无法再次进入意识领域。然而，这并不代表这部分信息不能发挥作用，正如潜意识心理学权威与潜意识成功学的创立者约瑟夫·墨菲博士所言，挖掘自己内心深处的潜意识力量，有助于达到心想事成的境界，实现自己的梦想人生。①

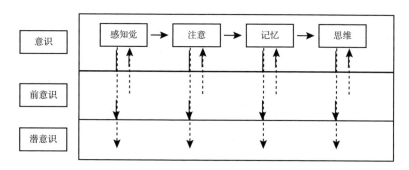

图 3-3　大学生思想政治教育信息接受流程

（二）外化运行过程

大学生思想政治教育接受的外化运行过程不是由此到彼的"线性逻辑"，而是具有复杂的"运转机理"。受主客观因素的影响，大学生思想政治教育的外化极具不确定性。

1. 外化的条件性

大学生思想政治教育的接受状况最终要通过行为外化表现出来。但是这种外化过程往往具有滞后性，必须在一定条件下才能发生。从大学生内部来讲，外化必须通过其愿望、动机等环节，缺乏这些环节，思想作为理性认识并不直接对人的具体行为起作用。正如恩格斯在《路德维希·费尔巴哈和

---

① 〔美〕约瑟夫·墨菲：《潜意识的力量》，吴忌寒译，光明日报出版社，2015，第 21 页。

德国古典哲学的终结》中所指出的，人们"行动的一切动力，都一定要通过他的头脑，一定要转变为他的意志的动机，才能使他行动起来"①。此外，不是所有思想动机都会引发行为。思想动机如果不符合社会公认的价值准则，或者找不到合适的行为外化方式等，则可能消退或采取潜伏的方式以待时机，也可能转换成新的动机。需要指出的是，有些不良的思想动机虽然与社会公认的价值准则相悖，但也会不顾社会多方面的谴责迎风而上实现行为外化。从大学生外部来讲，思想外化为行为也要受其所处外部环境的影响，包括社会风气、校园文化、群体氛围，以前相似行为的后效影响以及宏观的社会经济环境、政治环境、文化环境等。大学生的思想动机如果与外部环境因素大相径庭，且这些因素比较普遍和强劲，那么通常难以转化为现实行为，一般采取"蛰伏"的方式以待时机。

2. 外化的复杂性

众所周知，思想是行为的先导，除了人的条件反射行为以外，人的绝大多数行为都是由思想所支配。然而，人是复杂的动物，思想的隐蔽性与行为的外显性之间必然存在不一致的情形。如图3-4所示，横坐标表示思想状况，纵坐标表示行为结果。其中，原点右侧表示积极的思想状况，左侧表示消极的思想状况；原点以上表示积极的行为结果，原点以下表示消极的行为结果。

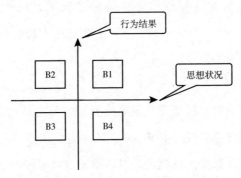

图3-4 大学生的思想状况和行为结果之间的关系

---

① 《马克思恩格斯选集》（第4卷），人民出版社，2012，第258页。

由图 3-4 可知，个体的思想状况与行为结果之间的关系具体表现为以下四个方面。第一，积极的思想状况通过外化产生积极的行为结果，实然思想与行为效果基本一致，处于第一象限的部分（B1）属于这种情况。例如：大量社会主义劳动者心系回报社会的理想，在工作岗位上敬业奉献，不断为社会创造财富。第二，消极的思想状况通过外化产生积极的行为结果，实然思想与行为效果完全不一致，处于第二象限的部分（B2）属于这种情况。通俗讲就是"坏心办好事"。例如：有些人崇尚个人主义，事不关己高高挂起，缺乏集体主义精神和爱国主义热忱，当社会上出现过激的爱国行为、非理性的爱国举动时，不关心、不参与，反而形成了相对良好的行为结果。第三，消极的思想状况通过外化产生消极的行为结果，实然思想与行为效果基本一致，处于第三象限的部分（B3）属于这种情况。例如：一些黑心的企业主唯利是图、坑蒙拐骗，给社会造成极大的危害。第四，积极的思想状况通过外化产生消极的行为结果，实然思想与行为效果完全不一致，处于第四象限的部分（B4）属于这种情况。通俗讲就是"好心办坏事"。例如：2008 年汶川大地震，大批抗震救灾志愿者奔赴灾区，然而，过多社会救援力量的无序涌入，造成交通拥堵、秩序混乱，浪费了宝贵的救援时间。由此可见，实然思想与行为效果基本一致的情况只有 B1 和 B3。这对我们单纯通过外化行为来判定思想状况提出了挑战，但这并不意味着面对思想与行为错综复杂的关系时一筹莫展，其中也有规律可循，需要我们充分发挥主观能动性，把握内在的逻辑关联，从而认准真实的思想。

五　新时代大学生思想政治教育接受过程的运行阶段

大学生思想政治教育接受过程的运行表现为横向接受阶段与纵向接受层次相结合的立体态势。横向接受阶段包括启动阶段、内化阶段、外化阶段、反馈阶段；纵向接受层次包括顺从性接受、认同性接受、信仰性接受。

（一）横向接受阶段

列宁曾说："如果不把不间断的东西割断，不使活生生的东西简单化、粗陋化，不加以划分，不使之僵化，那么我们就不能想象、表达、测量、描述运动。思想对运动的描述，总是粗陋化、僵化。"① 分析大学生思想政治教育接受过程，同样需要把"不间断的东西"割裂，分阶段讨论。

1. 启动阶段：思想政治教育接受过程的前提

启动阶段是指大学生与思想政治教育内容在某种条件下发生联系，产生接受动机，开启接受过程的阶段。启动阶段是大学生思想政治教育接受过程运行的开端，直接关系到思想政治教育接受过程的运行发生、运行方向、运行动力、运行效果。就大学生思想政治教育接受的全过程而言，启动阶段是前提。

一方面，启动阶段事关大学生思想政治教育接受过程的运行发生和运行方向。"动机是激发和维持有机体的行动，并使该行动朝向一定目标的心理倾向和内部驱力。"② 大学生有无接受动机事关思想政治教育接受的发生，有什么样的接受动机事关思想政治教育接受的方向。另一方面，启动阶段事关大学生思想政治教育接受过程的运行动力和运行效果。启动阶段包含多种因素，这些因素的协调程度、作用合力事关思想政治教育接受的动力。俗话说，良好的开端是成功的一半，启动阶段顺利与否，直接影响整个大学生思想政治教育接受过程的效果。

2. 内化阶段：思想政治教育接受过程的核心

内化阶段是指思想政治教育信息通过感觉、知觉、注意、记忆、思维的加工，成为主体稳定的"认知图式"和"价值观念"的阶段。内化阶段处于大学生思想政治教育接受过程运行的中心位置，是大学生认知图式优化的关键环节，对行为外化具有重要的指导作用。就大学生思想政治教育接受的

① 《列宁全集》（第55卷），人民出版社，1990，第219页。
② 林崇德、杨志良、黄希庭主编《心理学大辞典》（上），上海教育出版社，2003，第223页。

全过程而言，内化阶段是核心。

从大学生思想政治教育接受的全过程来看，内化阶段连接启动阶段和外化阶段，是启动阶段的认识旨归，又是外化阶段的源头活水，处于思想政治教育接受过程运行的中心位置。一方面，优化认知图式。内化阶段是对思想政治教育信息不断反映、择取、整合、内化的阶段，分为认知阶段和认同阶段两个环节。其中，认知阶段是对思想政治教育信息的理解和把握，强调真理性。认同阶段是对思想政治教育信息的意义判定和情感融入，强调价值性。在这一过程中，思想政治教育信息从感性到理性，从思辨到整合，从认知到认同，遵循"肯定—否定—否定之否定"的认识逻辑，不断优化大学生的认知图式。另一方面，指导实践活动。实践是有意识、有目的的能动性活动，一切动物的行动，都不能在自然界打下它的意志印记，只有人才能通过实践创造对象世界。内化阶段就是要用发展的、科学的、先进的理论武装头脑，指导实践活动，避免盲目性。

3. 外化阶段：思想政治教育接受过程的关键

外化阶段是指大学生将自身内化而成的思想观念转化为符合社会要求的具体行为，并养成行为习惯的阶段。思想是一种潜在的力量，要将这种潜在的力量变为现实以实现社会效益，离不开行为的外化。正如马克思所言："哲学家们只是用不同的方式解释世界，而问题在于改变世界。"① 外化阶段是提高思想认识的重要步骤，是实现认识飞跃的必然选择，是检验内化成果的唯一标准。就大学生思想政治教育接受的全过程而言，外化阶段是关键。

首先，外化阶段是提高思想认识的重要步骤。没有实践就不会有认识，不理解实践也就不能正确理解认识。列宁指出："生活、实践的观点，应该是认识论的首要的和基本的观点。"② 外化阶段能够进一步加深大学生对思想政治教育内化信息的认识，是提高思想认识的重要步骤。其次，外化阶段是实现认识飞跃的必然选择。马克思主义哲学认为，从感性认识到理性认识

---

① 《马克思恩格斯选集》（第 1 卷），人民出版社，1995，第 61 页。
② 《列宁全集》（第 18 卷），人民出版社，2017，第 144 页。

是认识的第一次飞跃，从理性认识到实践是认识的第二次飞跃，而且是更重要的一次飞跃。正如毛泽东在《实践论》中所言："辩证唯物论的认识运动，如果只到理性认识为止，那末还只说到问题的一半。而且对于马克思主义的哲学来说，还只说到非十分重要的那一半。马克思主义的哲学认为十分重要的问题，不在于懂得了客观世界的规律性，因而能够解释世界，而在于拿了这种对于客观规律性的认识去能动地改造世界。"[①] 最后，外化阶段是检验内化成果的唯一标准。大学生思想政治教育接受的内化成果的判定标准，不能停留在思维领域，而需要外化为客观现实与思维认识加以对照，才能检验内化的成果。正如马克思所言："人的思维是否具有客观的真理性，这并不是一个理论的问题，而是一个实践的问题。"[②]

4. 反馈阶段：思想政治教育接受过程的过渡

反馈阶段是大学生思想政治教育接受过程运行的中转和过渡，是思想政治教育接受的再次启动。狭义的思想政治教育接受过程不包括反馈阶段，将其放在思想政治教育接受过程中研究主要体现思想政治教育接受过程的连续性、不间断性和螺旋上升性。就大学生思想政治教育接受的全过程而言，反馈阶段是过渡。

反馈阶段可以分自我反馈和他人反馈两个阶段。一方面，教育主体根据大学生的行为验证教育效果，为改进施教方法、优化施教思路提供依据。例如，大学生思想政治教育在开展一段时期以后，效果如何，是否达到了预期的目的，就应该而且必须从大学生那里得到体现和说明。另一方面，大学生可以根据自己的行为反馈，反思自身原有的认知图式，进一步优化整合思想政治教育信息。经过反馈，大学生思想政治教育接受过程开始新一轮的运行，整个运行过程就是不断经过启动、内化、外化并在反馈过渡的基础上进行新一轮的启动、内化、外化的螺旋式上升过程。反馈阶段为大学生思想政治教育科学决策的制定提供了依据，保证了思想政治教育的接受效果。

---

① 《毛泽东选集》（第 1 卷），人民出版社，1991，第 292 页。
② 《马克思恩格斯选集》（第 1 卷），人民出版社，1972，第 16 页。

（二）纵向接受层次

大学生思想政治教育接受过程在行为层面具有较高的一致性，无法据此判定接受的层次。研究过程中我们深入行为的先导层面，将大学生思想政治教育接受层次划分为顺从性接受、认同性接受与信仰性接受三种。

1. 顺从性接受

顺从性接受是指大学生源于外界的压力和自身的从众心理，对思想政治教育内容内心排斥反感而行为上遵照执行的一种接受状况，即知行不统一。顺从性接受在大学生思想政治教育接受过程中主要表现为"因威而受"和"从众而受"。一方面，因威而受是指大学生受到教育主体等的影响，在强大外在压力下被迫接受，这种接受方式只是表面的接受和虚假的服从。另一方面，从众而受是指大学生因从众效应而接受思想政治教育内容。大学生作为青年的一个特殊群体，普遍存在避免被群体隔离的"附众"心理，当周围同学普遍接受思想政治教育内容，并按照思想政治教育内容要求自己的言行，得到他人认可时，会促使部分大学生从众而受。"因威而受"和"从众而受"的不同之处在于"因威而受"是接受主体迫于权威和威严的外在压力而被动接受，"从众而受"是接受主体迫于假想和现存的群体压力而被动接受。两种接受都具有被动性、盲目性和不稳定性的特点，接受会随着压力的消失而消失，属于较低层次的接受水平。

2. 认同性接受

认同性接受是指大学生在认知和情感上对思想政治教育内容自愿遵从的现象，分感性认同和理性认同两个方面。一方面，感性认同。感性就是常说的感情用事，生而具有，不带修饰。感性认同指仅靠行为主体的情感和感觉而产生的认同。大学生思想政治教育接受过程必然存在因个人情感而接受的情形，比如，有的大学生因为喜欢某位教师就会认同其讲授的观点。因此，感性认同属于认同的较低层次，但又是其他认同方式的基础和前提。另一方面，理性认同。理性是比感性更高级的认识样态。理性认同是指在认识过程中经过深思熟虑之后而产生的认同。大学生在思想政治教育接受过程中会对思想政治教育内容进行真理性判定和价值性判断，即对思想政治教育内容的解释力、解答力的判定以及对其效用性、为我性的判断，属于认同的较高层次。认同性接受作为一种自觉接受，具有自觉性、主动性和稳定性的特点。

3. 信仰性接受

信仰性接受是指大学生对思想政治教育内容的高级接受和高度遵从状态，是接受的最高层次。信仰性接受是指接受主体在对思想政治教育内容高度认同的基础上，充分认识到其对个人和社会的价值，进而产生由衷的敬仰之情，并转化为坚定信念，内化为接受主体工作、学习、生活的重要组成部分。信仰性接受的实质是思想政治教育内容的人格化。信仰性接受具有高度自觉性、高度自主性和持久性的特点。

大学生思想政治教育接受从低级到高级依次经过顺从性接受、认同性接受和信仰性接受三个层次。顺从性接受是接受的初级层次，是认同性接受和信仰性接受的基础。认同性接受是接受的较高层次，是顺从性接受向信仰性接受发展的桥梁。信仰性接受是接受的最高层次，是顺从性接受和认同性接受发展的必然结果。一般情况，大学生思想政治教育接受的三个层次依次展开，遵循从低级到高级的发展逻辑。但在具体接受过程中，不同接受主体认知能力、情感状况、思维水平不同，接受过程中不一定必然经历三个层次，可能出现跳跃式接受的情形，也有可能仅仅停留在某一个层面，这使大学生思想政治教育接受过程呈现复杂化样态。

六　新时代大学生思想政治教育接受过程的
运行机制

新时代思想政治教育接受过程的运行机制是一个动态运行的系统，在这个系统中涵盖了发挥不同功效的子机制，从而形成了思想政治教育接受过程的运行机制的动态结构。对于思想政治教育接受过程的运行子机制的划分，是当前学界探讨得比较激烈的问题，目前主要有三种观点。第一，有些学者根据"为什么要接受—接受的目标是什么—接受的心理特点和规律"的思维逻辑，将思想政治教育接受过程的运行机制分为"动力机制、目标机制和心理机制"，这种划分法侧重心理学分析，在一定程度上忽略了思想政治教育接受过程中其他环节相应的机制，没有凸显思想政治教育特色。第二，有些学者认为思想政治教育接受过程是生理—心理过程和社会过程的有机统一，把思想政治教育接受过程的运行机制相应地划分为"生理机制、心理机制和社会机制"，这样的划分概括了思想政治教育接受活动的所有制约因素，具有一定的合理性。第三，有些学者从思想政治教育接受活动参与因素考虑，认为思想政治教育接受过程的运行机制可划分为"社会机制和个体机制"，这种划分方式主要分析了思想政治教育接受活动的静态因素，忽略了分析接受活动的动态过程。本书根据思想政治教育接受活动的过程，按照"思想政治教育接受活动如何启动、如何传导、如何补充完善、如何检验和评价"的思路，拟从"心理机制、驱动机制、传导机制、调节机制和反馈机制"五个子机制来分析思想政治教育接受过程的运行机制。

（一）心理机制

思想政治教育接受过程的心理机制，是指在思想政治教育接受活动中，接受主体心理结构的不同要素分别与思想政治教育接受系统的诸要素相互联系、相互作用的机理与方式。接受主体的心理结构包括心理过程和个性心理。其中，心理过程是指心理活动发生、发展的过程，也就是人脑对现实的反映过程，包括认识过程、情感过程、意志过程。个性心理是个体心理活动过程表现出来的，如需要、动机、兴趣等。

心理机制的功能是接受主体心理结构的不同要素及思想政治教育接受系统的诸要素功能的耦合，其功能的发挥依赖于这些要素之间的相互联系、相互作用、协调运转。其主要包括心理认识机制、心理情感机制、心理意志机制。其中，心理认识机制是指接受主体的认识过程在思想政治教育接受活动中发生作用的机理与方式。心理情感机制是指接受主体的情感过程在思想政治教育接受活动中发生作用的机理与方式。心理意志机制是指接受主体的意志过程在思想政治教育接受活动中发生作用的机理与方式。

（二）驱动机制

所谓思想政治教育接受过程的驱动机制，是指思想政治教育的目标确定以后，为了实现目标所制定的政策和采取的各种激励手段。驱动机制是思想政治教育接受发生启动、选择获取、整合内化、外化践行的动力。

1. 发生启动环节的接受动力

在发生启动环节，接受主体接受的驱动力主要体现在物质需要的满足上。物质需要是指满足人吃、喝、穿、住等基本生存的需要，是人生存发展的基础，对物质的需要和满足是人的最本质、最原始的规定。物质需要成了思想政治教育接受主体的最基本的内在动力。发生启动环节的正导向力主要是指，接受主体在接受思想政治教育之前所处的外部接受环境中，已经形成的对接受主体接受思想政治教育有利的各种导向力。

2. 选择获取环节的接受动力

选择获取环节是指接受主体运用一定的思维方式和思维方法，依据主观的或客观的评价标准，对进入认知领域内的各种教育信息进行价值判断，从而确立对其取舍的过程。这一环节直接关系到接受主体在整个思想政治教育过程中主要接受什么内容，关系到整个接受过程的实效。

选择获取环节的正导向力主要强调在这一环节要对接受主体进行适当的引导和干预，不能任由他们根据主观意志选择他们认为合理的接受内容。因为很多接受主体受生活阅历、主观臆断、偏听偏信等因素影响，很可能在选择接受内容时产生偏差，使他们误入歧途，造成不良的接受后果。

3. 内化外化环节的接受动力

思想政治教育接受过程的内化就是接受主体将经过整合后的接受客体消化吸收，融入自己的思想意识之中，变为自己意识体系的有机组成部分，成为支配、控制自己思想、情感、行为的内在力量的过程。接受客体被整合之后，接受主体要对其进行进一步的内化，转化为自身的思想意识。从某种角度来说，整合内化是思想政治教育接受过程中最为关键的环节。外化践行是指接受主体将自身内化形成的思想观点、价值观念、道德准则自主地转化为思想道德行为表现和行为习惯的过程。外化践行是思想政治教育接受过程最终意义和有效性体现的方式。

精神需要是主体对自身精神感受匮乏状态的反映，这种匮乏状态的客观性决定了精神需要的客观性。"人的精神需要就像人体需要维生素一样，没有意识、理性、意志等精神活动的生命就是缺乏人性的动物的生命。"[①] 内化、外化环节是思想政治教育接受过程最为关键的环节，这一环节的实质就是为了满足接受主体的某些精神需要，解决他们精神匮乏的问题。因此，在这一环节，接受主体的内在驱动力主要体现为他们的精神需要的满足。

（三）传导机制

从活动的角度来看待思想政治教育接受，思想政治教育内容作为接受客体的传导活动，是整个思想政治教育接受活动不可忽视的重要环节，因而传导机制也有着十分重要的作用。从信息传播的角度来认识思想政治教育接受过程的传导机制，我们可作如下定义：在思想政治教育接受活动中，接受客体在传导者与接受者之间传递而形成的规律性运作的稳定模式。

根据传导的性质来分，可以分为显性传导和隐性传导。思想政治教育存在显性教育和隐性教育两种形态，从接受的视角来看，就存在显性传导和隐性传导。显性传导指的是在思想政治教育接受活动中，传导者通过直接的、公开的、有组织有计划的教育方式来使接受者接受其所传导的信息内容，如学校德育课程、政治形势报告会、理论宣讲等。而隐性传导指的是传导者通过迂回的、渗透的、潜移默化的方式让接受者在不知不觉中接受所传导的信息内容，如校园文化熏陶、主流媒体的舆论导向等。随着社会发展和信息传递速度的加快，思想政治教育接受已越来越重视隐性传导

---

① 王淼：《论精神需要》，《内蒙古民族大学学报》（社会科学版）2008年第2期。

的重要作用。

根据传导的方向来分，可以分为单向式传导和多向式传导。传统的思想政治教育通常采取的是"传导者—接受客体—接受者"这种单一直线式的传导方式，接受者在这个模式中就如射击中的靶子，全盘接受接受客体。而在现实社会中，思想政治教育接受效果并非如此。在现代的思想政治教育接受过程中，要取得理想的接受效果，单一直线式的传导方式是不够的，还需要其他辅助的传导方式，即在同一个思想政治教育接受活动中，除单一直线式的传导方式外，还需要采取多源、多途径的传导方式，如家庭教育、人文环境的辅助，其目的在于提高接受者的接受能力，而避免单向式传导方式中传导者与接受者、接受客体与接受者之间的直接矛盾。

（四）调节机制

思想政治教育接受过程的调节机制是指非理性因素，即接受活动中的非逻辑思维形式以及非逻辑思维活动所呈现的状态，诸如情绪、情感、意志、信念、兴趣、直觉、灵感等。在思想转变过程中对主体影响最经常、最明显的非理性要素是情感和意志。情感作为人对客观事物是否符合主体需要而产生的指向性心理体验，通常以肯定或否定、满意或不满意、热爱或憎恨、赞赏或厌恶等两极性心理状态表现出来，并转化为一定的情绪，对主体的认识活动起积极或消极作用。意志则是主体在理性因素支配下自觉确定活动目标，并以此有意识地持续控制、调节其行为的心理过程。[1]

情感和意志作为接受活动中不可缺少的因素，其主要功能是强化或抑制接受活动的运行，构成推动或终止主体某一接受活动的动力。马克思曾经提出："激情、热情是人强烈追求自己的对象的本质力量。"[2] 虽然情感和意志并不是直接作用于所要接受的内容，但它们通过影响主体的接受意向、选择标准等对客体发挥作用。在思想政治教育实践中，接受主体会因对某

---

[1] 黄世虎：《论思想政治教育的接受机制》，《求实》2001年第5期。
[2] 《马克思恩格斯全集》（第42卷），人民出版社，1979，第169页。

一教育主体、某些教育形式或某一教育内容持有否定性情感和意志而产生拒绝接受行为，或对教育信息进行歪曲反映，降低接受效率，也可能在正常的接受活动中因个人情感或主观意志受挫而中断接受。反之，如果接受主体对教育主体、教育内容及教育形式持肯定性情感和态度，则会把积极的意志转化为接受动力，使自己努力地去接受所学的内容，提高认识活动的效率。

（五）反馈机制

思想政治教育接受的效率和质量，应在实事求是的基础上作出判断与反馈，找出接受过程中存在的问题，帮助教育主体优化思想政治教育接受过程。教育主体根据反馈信息，对思想政治教育接受主体、教育内容、接受效果以及接受过程中的各个环节作出评判，并对教育目标、教育方式以及教育内容进行调整，从而找到更适合接受主体的教育方法。教育主体通过优化传授过程和调整教育方式，可以为下一步的教育工作积累经验，促进思想政治教育高质量发展。此外，还要对思想政治教育接受过程的各个环节、各个要素间的关系进行评价、调整、优化，使思想政治教育始终与当前的社会主流价值观相契合。

七　新时代大学生思想政治教育接受过程的运行规律

荀子曾说："天有常道矣，地有常数矣。"世界上任何事物或现象都是有规律的并受其规律所支配，能否按照客观规律办事，是决定人们认识世界和改造世界的一切实践活动成败的关键。思想政治教育接受过程的规律是思想政治教育接受过程中诸要素之间内在的、本质的、必然的联系，是实施思想政治教育的重要依据。目前，关于思想政治教育接受过程规律的研究存在"错位跑偏""原定打转""层次不明"等问题，究其缘由是对思想政治教育接受过程的规律缺乏必要的哲学思考。思想政治教育接受过程的规律作为一个哲学命题，通过上位概念的逻辑推演，必然能够实现与规律命题的融合，这为我们从哲学高度分析思想政治教育接受过程的规律提供了可能。在研究过程中，笔者从规律出发，采取逻辑推演下行的方式定位大学生思想政治教育接受过程的规律，并对大学生思想政治教育接受过程的基本规律和具体规律作了尝试性的厘定。

本书认为，大学生思想政治教育接受过程的基本规律是大学生的思想品德状况不断适应社会所倡导的思想品德要求的规律。大学生思想政治教育接受过程的具体规律主要包括：大学生既有思想品德水平与期待思想品德水平对立统一律、大学生与教育主体双向互动律、大学生与接受环境相互制约律。

（一）运行规律的研究简评

目前，关于大学生思想政治教育接受过程的规律鲜有研究，本书主要对思想政治教育接受规律的研究成果进行简要述评。该研究起步晚，成果少，自成体系。学者们基于各自的认识基准，提出了各有特色、颇具见地的理论观点，形成了众说纷纭、莫衷一是的研究现状。

规律是一个使用频率较高的词语，可以说在实践活动和思维活动场所，都离不开规律或法则这个概念和范畴。"但是社会上对于规律或法则这个概念和范畴的涵义，却常有不同的了解和分歧，误用和滥用的现象甚为普遍。"[①] 通过梳理相关观点，我们不难发现，在理解和使用过程中同样存在上述误区，主要表现为"错位跑偏""原定打转""层次不明"等问题。第一，"错位跑偏"型问题集中体现为特征规律论、机制规律论和方法规律论。特征规律论，即将思想政治教育接受的特征当作思想政治教育接受的规律。如有学者将接受过程的非线性规律、能动受动性规律作为思想政治教育接受的规律。[②] 非线性和能动受动性是思想政治教育接受的特征，用以表示规律明显不当。机制规律论，即将思想政治教育接受的机制当作思想政治教

---

① 华岗：《规律论》，人民出版社，1982，第 1 页。
② 陈秉公：《21 世纪思想政治教育工作创新理论体系》，吉林教育出版社，2000，第 211~214 页。

育接受的规律。如有学者将需要驱动规律作为思想政治教育接受的规律。①
需要驱动是思想政治教育接受的动力机制，在思想政治教育接受过程中发挥
重要作用，用以作为思想政治教育接受的规律显然不妥。方法规律论，即将
思想政治教育方法当作思想政治教育接受的规律。如有学者将说服疏导规
律、怡情规律作为思想政治教育接受的规律。② 说服疏导和怡情是思想政治
教育工作的一种方法，不属于规律的范畴。第二，"原定打转"型问题集中
体现为阶段规律论和要素规律论，该类研究缺乏对规律本身的探究，犯了用
"规律谈规律"的错误。阶段规律论，即将思想政治教育接受过程分成若干
阶段，在此基础上将阶段后面加上"规律"二字作为思想政治教育接受的
规律。如有学者提出内化外化律是思想政治教育接受的规律，③ 而内化和外
化是思想政治教育接受过程的阶段，还没抽象到规律的高度。要素规律论，
即在析理出思想政治教育接受影响因素的基础上加上"规律"二字作为思
想政治教育接受的规律。如有学者把接受要素协调律、优势因素共扬律等作
为思想政治教育接受的规律，④ 各要素在思想政治教育接受过程中起到重要
的作用，但协调各要素之间的关系、发挥积极因素的作用是思想政治教育的
必然要求，不能作为规律提出来。第三"层次不明"型问题集中体现为
"基本规律和具体规律"不分，"一般规律和特殊规律"不分。从既有的研
究成果看，学者王敏对思想政治教育接受规律作了层次划分，具有极大的进
步意义。⑤ 在学者所列的规律中，有的规律适用范围已经远远超过思想政治
教育接受本身，实质是没有真正厘清一般规律和特殊规律的辩证关系。总体
而言，目前关于该问题的研究还处于探索阶段，相对比较浅显，没有反映出
对接受本质的把握。究其缘由是缺乏哲学反思，盲目思辨、简单移植、自圆

---

① 高卫国：《基于接受视角下的大学生思想政治教育研究》，《学校党建与思想教育》2009 年
第 8 期。
② 李荣汉、邓晨光：《思想政治教育接受规律探究》，《牡丹江师范学院学报》（哲学社会科学
版）2008 年第 5 期。
③ 余仰涛：《关于大学生思想政治教育的接受规律的探讨》，《学校思想教育》1991 年第 1 期。
④ 杨少龙：《德育接受的特点和规律》，《学术探索》2001 年第 S1 期。
⑤ 王敏：《论思想政治教育接受规律》，《理论与改革》2001 年第 3 期。

其说，研究前提的不一致导致研究观点的不统一，反映出整个思想政治教育接受理论研究的表面化。

（二）运行规律的哲学思考

大学生思想政治教育接受过程的规律作为一个哲学命题，通过上位概念的逻辑推演必然能够实现与规律命题的融合，这为我们从哲学高度分析思想政治教育接受过程的规律提供了可能。在研究过程中，笔者采用逻辑推演下行的方式定位大学生思想政治教育接受过程的规律，在此基础上，实现对大学生思想政治教育接受过程规律的科学分析。

1. 从规律的含义分析大学生思想政治教育接受过程的规律

规律亦称"法则"，是事物和现象中本质的联系和关系。列宁说："规律就是关系。对于马赫主义者、其他不可知论者以及康德主义者等等，这点是要注意的，本质的关系或本质之间的关系。"① 毛泽东也明确指出，"客观事物的内部联系，即规律性"②。需要指出的是，除了事物内部联系之外，事物与事物之间的联系也包含有规律性的东西。由于客观世界的范围和发展的无限性，事物的"内部"和"外部"的界限也是相对的。在一定场合为事物内部的不同方面的本质联系，而在另一些场合则会变为事物与事物之间的本质联系，反之亦然。据此可以推断：大学生思想政治教育接受过程的规律体现为一种本质联系。这种本质联系一方面存在于大学生思想政治教育接受过程之中，另一方面也存在于大学生思想政治教育接受过程与其他相关过程的辩证关系之中。

规律是发展的规律。规律本身是发展的，离开发展，离开过程，规律就无从表现，无所寄托。毛泽东说："一切战争指导规律，依照历史的发展而发展，依照战争的发展而发展；一成不变的东西是没有的。"③ 大学生思想政治教育接受过程的规律同样如此。一方面，大学生思想政治教育接受过程

---

① 《列宁全集》（第55卷），人民出版社，2017，第128页。
② 《毛泽东选集》（第3卷），人民出版社，1991，第801页。
③ 《毛泽东选集》（第1卷），人民出版社，1991，第173页。

的规律不是从来就有的，也不会永远存续下去。它伴随着阶级和国家的出现而出现，伴随着国家和阶级的消亡而消亡，从这层意义上讲，生产力是大学生思想政治教育接受过程规律的最终"埋葬者"。另一方面，大学生思想政治教育接受过程的规律不是一成不变的。随着生产力的发展，随着社会性质、社会环境、教育主体、接受主体、教育内容、教育方法等不断发生变化，大学生思想政治教育接受过程的规律也会不断发生变化。

2. 从规律的特征分析大学生思想政治教育接受过程的规律

宇宙间任何事物和现象都有它自己的特性或特征，事物和现象是特性和特征的体现者，脱离对象而单独存在的特性是没有的。就规律而言，最基本最主要的特征有三个。第一，客观性。不论自然规律、社会规律、思维规律，以及总的来说宇宙运动规律，都具有不以人的意识和意志为转移的客观特性。毛泽东说，它们"是一个必然的、不可避免的趋势，任何力量，都是扭转不过来的"①。大学生思想政治教育接受过程的规律同样具有客观性，不论接受主体承认还是不承认，服从还是不服从，它都按照自己固有的方向和道路向前迈进。正如列宁所言，"当我们不知道自然规律的时候，自然规律是在我们的认识之外独立地存在着并起着作用"②。第二，不可避免性。"客观规律不外是各种事物和现象之间的这样的一种因果联系和这样的一种相互关系：一些事物和现象的存在，必然引起另一些事物和现象；事物发展的这一个阶段，必然引导到另一个阶段。"③大学生思想政治教育接受过程的规律同样具有不可避免性，思想政治教育接受过程的发生必然涉及接受主体、接受内容、接受环境等相关要素的协同联动，接受过程必然经历从较低层次到较高层级的逐步过渡。第三，重复有效性。规律不仅是事物和现象的本质的必然联系的表现，还是事物和现象中稳定的、普遍的、重复有效的东西。大学生思想政治教育接受过程的规律同样具有重复有效性，主要体现在两个方面。一是不同接受主体重复有效。大学生思想政治教育

① 《毛泽东选集》（第3卷），人民出版社，1991，第1069页。
② 《列宁全集》（第18卷），人民出版社，2017，第195页。
③ 华岗：《规律论》，人民出版社，1982，第147页。

接受过程的规律适用于各类大学生，不因接受主体的变化而失去作用效力。二是不同教育内容重复有效。大学生思想政治教育接受过程的规律适用于各种不同的思想政治教育内容，不因思想政治教育内容的变化而失去作用效力。

3. 从规律的适用范围分析大学生思想政治教育接受过程的规律

依据规律发生作用的范围，规律可分为一般规律和特殊规律。一般规律就是相对于起作用的范围比它小的规律而言的。特殊规律，则是相对于起作用的范围比它大的规律来说的。由此可见，一般和特殊是相对的概念，因为有一般，所以有特殊，因为有特殊，所以有一般。比如，社会发展规律相对于对立统一规律而言是特殊规律，而相对于剩余价值规律而言是一般规律。同理，大学生思想政治教育接受过程的一般规律适用于各个历史时期所有大学生。大学生思想政治教育的特殊规律仅在一定历史时期适用或仅适用于部分大学生。

4. 从规律的地位作用分析大学生思想政治教育接受过程的规律

依据规律的地位和作用，规律可分根本规律和非根本规律。根本规律或基本规律，就是事物发展过程中根本矛盾或基本矛盾（有时也表现为主要矛盾）运动的规律。非根本规律亦可称为具体规律，则是事物发展过程中非根本矛盾或非基本矛盾（又常常表现为次要矛盾）运动的规律。这样，事物发展过程中根本矛盾和非根本矛盾之间的规定和被规定、支配和被支配关系，就决定了根本规律和非根本规律在事物发展过程中也分别处于规定和被规定、支配和被支配的地位。大学生思想政治教育接受过程的规律同样可以划分为大学生思想政治教育接受过程的基本规律和大学生思想政治教育接受过程的具体规律。大学生思想政治教育接受过程的基本规律是由思想政治教育接受过程的基本矛盾决定，大学生思想政治教育接受过程的具体规律是由思想政治教育接受过程的次要矛盾决定。大学生思想政治教育接受过程的基本矛盾有一对，大学生思想政治教育接受过程的具体矛盾有多对，把握大学生思想政治教育接受过程的基本矛盾和具体矛盾是厘清大学生思想政治教育接受过程规律的关键。

（三）运行规律的尝试厘定

大学生思想政治教育接受过程是一个充满矛盾与矛盾转化的过程。对大学生思想政治教育接受过程的规律性认识，必须建立在对接受过程内在矛盾整体把握的基础之上。接受过程的内在矛盾决定了大学生思想政治教育接受过程的规律是一个多层次、多侧面的体系，包括基本规律和具体规律两个层面。

1. 大学生思想政治教育接受过程的基本规律

大学生思想政治教育接受过程的基本规律是大学生的思想品德状况要不断适应社会所倡导的思想品德要求的规律。这一规律体现为大学生思想品德状况要与社会所倡导的思想品德的发展状态相同步，与社会所倡导的思想品德的实践状态相协调。与社会所倡导的思想品德的发展状态相同步，指大学生的思想品德状况要适应思想政治教育理论的新境界、新概括、新判断。与社会所倡导的思想品德的实践状态相协调，就是指要指导大学生用马克思主义的立场、观点和方法认识并改造主观世界和客观世界。

我们之所以说大学生的思想品德状况要不断适应社会所倡导的思想品德要求的规律是大学生思想政治教育接受过程的基本规律，是因为这一规律具有基本规律所固有的规定性。第一，这一规律是由大学生思想政治教育接受过程的基本矛盾决定的。思想政治教育接受过程的基本规律是思想政治教育接受过程基本矛盾运动的规律。在大学生思想政治教育接受过程中，大学生的思想品德状况与社会所倡导的思想品德要求之间的矛盾，贯穿思想政治教育接受过程的始终，决定思想政治教育接受的本质，内含思想政治教育接受系统的其他矛盾，是思想政治教育接受过程的基本矛盾。大学生思想政治教育接受过程的实质是思想政治教育接受过程的基本矛盾从发生、发展、融合到新一轮发生、发展、融合的过程。这一矛盾的发生是思想政治教育接受活动开展的基本动因，这一矛盾的发展是思想政治教育接受活动运行的基本过程，这一矛盾的融合是思想政治教育接受活动完成的基本标志。整个大学生思想政治教育接受过程就是在基本矛盾的推动下，大学生的思想品德状况不断适应社会所倡导的思想品德要求的运动过程。第二，这一规律是由大学生思想政治教育接受的本质决定的。大学生思想政治教育接受本质和大学生思想政治教育接受过程的基本规律有着内在契合性,大学生思想政治教育接受过程的基本规律是大学生思想政治教育接受本质的运行逻辑,大学生思想政治教育接受本质是大学生思想政治教育接受过程基本规律的运行旨归。因此,从大学生思想政治教育接受本质出发厘清大学生思想政治教育接受过程的基本规律不失为一条有效的路径选择。大学生思想政治教育接受本质是接受主体对统治阶级所倡导的思想观念、政治观点、道德规范的主体性生成过程。本书提出"主体性生成"概念,目的在于强调人不是天生具有完备的主体性,而是大学生的思想品德状况不断适应社会所倡导的思想品德要求的过程。第三,这一规律决定大学生思想政治教育接受过程的运行态势。大学生的思想品德状况不断适应社会所倡导的思想品德要求的规律,决定大学生思想政治教育接受过程的运行性质、运行轨迹、运行动力、运行目标。

2. 大学生思想政治教育接受过程的具体规律

大学生思想政治教育接受过程的具体规律是基本规律的展开,主要包括以下三条。

(1)大学生既有思想品德水平与期待思想品德水平对立统一律

自我意识指"一个人对自己以及自己和他人之间的关系的意识,即个人对自身的自觉观念系统"①。从思想品德的角度,大学生会对自身既有思想品德水平有一种自我意识,也会对理想的思想道德水平有一种期待,既有思想品德水平与期待思想品德水平之间是对立统一的关系。对立性体现在既有思想品德水平与期待思想品德要求之间存在差距,这种差距成为思想政治教育接受的动力。统一性体现在大学生会不断接受新的思想政治教育内容,提高自己的思想品德水平,实现既有思想品德水平与期待思想品德水平的统一。然而,统一是暂时的、相对的,会立即让位于新的矛盾和对立。通过思想政治教育接受活动,大学生期待的思想品德水平发展为既有思想品德水平,并在既有思想品德水平的基础上产生新的接受期待,经过教育和自我教

---

① 黄希庭主编《简明心理学辞典》,安徽人民出版社,2004,第526页。

育过程实现更高层次的统一。就整个过程而言，大学生思想品德水平经历
"肯定—否定—否定之否定"的循环往复和螺旋上升的过程，不断实现既有
思想品德水平与期待思想品德水平的分化与统一。

（2）大学生与教育主体双向互动律

在大学生思想政治教育接受过程中，教育主体是思想政治教育活动的组
织者和承担者，在整个思想政治教育接受过程中起主导作用。大学生是思想
政治教育接受活动的承载者和受导者，在整个思想政治教育接受过程中起主
体作用。两者的双向互动构成思想政治教育接受过程的一条具体规律，这一
规律主要体现在以下三个方面。第一，教育主体的传导信息与大学生的思想
状况之间具有内在的必然联系。传导信息是教育内容经过教育主体加工之后
用以开展思想政治教育的信息，传导信息与大学生的思想状况之间必然存在
一定的差距，这种差距既是教育的必要性又是冲突的必然性。传导信息的内
容选取不是盲目的，而是要充分考虑大学生的思想实际、接受层次等方方面
面。第二，教育主体的传导方法与大学生接受习惯之间具有内在的必然联
系。方法是实现目标的"桥梁"和"纽带"，是在反复实践、科学总结的基
础上前进和飞跃的认识"定格"。研究的严肃性如何，完全依赖于方法，依
赖于行动方式。然而，良好的方法是相对的，要依据思想政治教育的传导信
息和大学生的接受习惯选择恰当的传导方法，不能信手拈来、不假思索，思
想政治教育的传导贵在得法。第三，教育主体人格魅力与大学生的接受实效
具有内在的必然联系。人格魅力是一种非权力性影响力，一种能使人信服的
力量，不受时间和空间的限制，在教育过程中具有特殊作用。俄国著名教育
家乌申斯基说："在教学工作中，一切都应以教育者的人格为依据，任何章
程和纲领，任何人为的管理机构，无论他们说想得多么精巧，都不能代替人
格在教育中的作用。没有教师给学生以个人的直接影响，深入到学生品格
中，真正教育是不可能的。"[1] 大学生思想政治教育接受活动同样如此，教

---

[1]　乌申斯基著、郑文樾选编《乌申斯基教育文选》，张佩珍、冯天向、郑文樾译，人民教育
出版社，2007，第128页。

育主体的人格魅力会无形地感染接受主体，在一定程度上决定着思想政治教育接受活动的实效，甚至可以说，教育主体是什么样的人比教育主体讲授什么样的内容更具意义和价值。

（3）大学生与接受环境相互制约律

人的本质在于人的社会属性。马克思说，"人天生就是社会的生物，那他就只有在社会中才能发展自己的真正的天性"①。列宁在与唯心主义社会学者的论战时也曾强调指出，不能认为人们的思想和感情是偶然出现的，而不是从一定社会环境中必然产生的。对大学生思想政治教育接受活动而言，接受环境是一种无形的力量，对大学生的思想政治教育接受实效影响很大。正如马克思、恩格斯所言："人创造环境，同样，环境也创造人。"② 第一，大学生思想政治教育接受活动不能游离于时代环境之外。马克思主义认为，人生活在环境之中。大学生思想政治教育接受活动不能脱离所处的时代环境，任何接受活动都会打上时代环境的烙印，这符合马克思主义关于社会存在决定社会意识的原理。很难想象，原始人类树立共产主义的理想和信念。第二，大学生思想政治教育接受环境的影响和制约具有双向性。大学生所处的接受环境与思想政治教育所倡导的思想观念、政治观点、道德规范相一致，会促使大学生肯定和认同思想政治教育内容。反之，会诱发大学生怀疑和否定思想政治教育内容。第三，大学生对思想政治教育接受环境具有能动作用。大学生思想政治教育接受环境大致可以分为社会环境、学校环境两种。我们在肯定思想政治教育接受环境影响和制约大学生的同时，也不能忽视大学生的能动作用。一方面，大学生会根据自身需求对接受环境进行筛选处理；另一方面，大学生会根据自身需求对接受环境进行加工改造。大学生面对同样的接受环境会形成截然不同的情感体验，形成天壤之别的思想品德，体现出极强的主观能动性。

---

① 《马克思恩格斯全集》（第2卷），人民出版社，1957，第167页。
② 《马克思恩格斯选集》（第1卷），人民出版社，1995，第92页。

八 新时代大学生思想政治教育接受过程的效果测评

加强思想政治教育接受过程的效果测评，是完善思想政治教育测评体系的中心环节，也是评判思想政治教育质量的终极标准。中共中央、国务院印发的《关于新时代加强和改进思想政治工作的意见》（以下简称《意见》）明确提出："建立内容全面、指标合理、方法科学的思想政治工作测评体系。"[①] 这就要求新时代大学生思想政治教育必须构建科学有效的测评体系。

（一）接受过程效果测评的基本内涵

进入新时代，意识形态领域斗争依然复杂，思想政治教育接受过程的效果面临多元社会思潮和文化价值的严峻挑战，必须高度重视思想政治教育接受过程的效果测评，为新时代思想政治教育高质量发展提供依据。

思想政治教育接受过程的效果测评是指依据一定的评价标准，通过科学的方法和正确的途径，多方面搜集适切的事实性材料，对思想政治教育接受活动及其效果的价值作出判断的过程。[②] 这一含义需要从以下三个方面予以阐释和把握。

第一，从认识论的角度看，思想政治教育接受过程是一个客体主体化的过程，即教育内容（客体）通过教育主体的灌输、引导、宣传等方式作用于教育对象（接受主体），实现教育内容（客体）的主体间转移。接受过程的效果主要测评教育对象对教育内容的理解、把握和认同程度。第二，从实践论的角度看，思想政治教育接受过程不仅体现为客体主体化，还体现为主体客体化，具有鲜明的实践特色。毛泽东称之为认识过程的"第二次飞跃"，并且认为是更重要的一次飞跃。接受过程的效果测评主要测评教育对象的行为表现。第三，从效应论的角度看，思想政治教育接受过程的效果不

---

① 《中共中央国务院印发〈关于新时代加强和改进思想政治工作的意见〉》，《光明日报》2021年7月13日，第1版。

② 王敏：《思想政治教育接受论》，湖北人民出版社，2002，第177页。

是即时效果，难以立竿见影，需要将结果评价和过程评价相结合。通过长期的跟踪、观察和监测，基于对比视角对思想政治教育接受过程的效果进行全过程、多维度、立体化考量。

（二）接受过程效果测评的重要意义

首先，接受过程的效果测评是思想政治教育质量评价的重中之重。思想政治教育质量测评是一项系统工程，测评项目涵括组织机构、材料设备、经费投入、师资队伍、特色项目、获奖成果、社会影响等多个维度。毋庸置疑，这些测评项目是保障思想政治教育质量的重要因素，但质量的保障因素并不是质量本身，两者不是完全的一一对应关系。从一定意义上讲，这些评价项目多属于外在的评价因素，而思想政治教育质量归根结底需要从其终极指向——"接受"层面予以确认。接受过程的效果测评理应成为思想政治教育质量评价的核心和重点。

其次，接受过程的效果测评为思想政治教育对象成长成才提供科学航标。一方面，思想政治教育接受过程的效果测评有利于明晰教育对象的成长方向，对教育对象而言是一种约束和激励，能够使教育对象认识到不足与差距，明确努力的方向；另一方面，思想政治教育是动态发展的，接受过程的效果测评能够对思想政治教育的价值进行监控、判断和测量，防止方向的偏差或背离，确保思想政治教育活动的方向始终与思想政治教育目标保持一致。

最后，接受过程的效果测评为精准定位思想政治教育"施教"重点提供依据。思想政治教育是"施教"和"受教"的有机统一，施教是受教的源头，受教是施教的指向，两者的匹配程度在一定程度上决定教育实效。其中，施教主要解决"教什么、怎么教"的问题，由教育主体承担。受教主要解决"受什么、如何受"的问题，由接受主体完成，体现为接受效果。思想政治教育接受过程的效果测评能够明确接受效果的薄弱环节、优势维度和劣势维度以及存在的主次问题，为精准定位"施教"重点，增强思想政治教育针对性提供依据和凭证。

（三）接受过程效果测评的现实困境

思想政治教育接受过程的效果依据性质方向、呈现结果等角度细分为不同类型，体现出极强的复杂性。例如，按照性质方向可分为正向和负向；按照呈现结果可分为显性的语言、行为，隐性的态度、动机、价值观等。囿于人的思想内隐性、教育效果的延迟性和接受影响因素的多元性，思想政治教育接受过程的效果测评面临效度控制、效果量化、效能追踪等多重困境。

1. 效度控制困境

效度是指测评结果的正确性和可靠度，主要受内容取样和推导过程的影响。思想政治教育接受过程的效果在测评过程中存在情景设定难、变量控制难、取样适切难的问题，造成测评结果"失准""失真""失效"。

一是测评结果"失准"。思想政治教育接受活动的完成与接受过程效果的呈现一般不会同步进行，接受过程的效果体现为内隐状态的外显化，而内隐状态的外显化又需要主体在特定社会情景下才能完成，通常具有滞后性。换言之，在测评过程中，无论我们如何前伸和后延，效果测评都会定位在一个特定节点上，无法实现思想政治教育接受过程效果的全覆盖。此外，接受过程的效果测评离不开取样的适切性，如果样本体量及其代表性和多元化与测评目标不匹配，都会造成测评结果的"失准"。

二是测评结果"失真"。思想政治品德内生潜在的特征决定了只有通过行为的外显才能为人所感知，而思想层面的接受和实践层面的呈现不是由此及彼的线性逻辑，经常会出现失真情形。例如因诱惑太多，压力太大，内心积极正向但结果呈现负向；又如因威而行，或歪打正着，内心消极负向但结果呈现正向。如此一来，思想政治教育接受过程的效果测评会受到干扰和误导，造成测评结果的"失真"。

三是测评结果"失效"。思想政治教育接受过程的效果测评不同于一般性评价，掺杂大量意识形态元素，具有较强的敏感性，难免会使测评对象产生心理负担，对测评本身产生抵触和阻抗情绪。如果测评的信任基础尚未建立，得不到测评对象的理解和支持；或者测评的情景设置不合理，给测评对

113

象形成压力或诱导等，可能会使思想政治教育接受过程的效果测评获取不到真实有效的信息，导致测评结果的"失效"。

2. 效果量化困境

"追本溯源，教育评估脱胎于教育测量活动。"[①] 20 世纪 80 年代，德育评价领域开始引入量化方法，通过数据追踪思想动态、勾勒教育效果，进行数据的交互分析，有效规避了质性方法的模糊性和主观随意性。然而，由于人的思想内隐、丰富、复杂，"世界上目前还没有任何人、任何测量工具能够准确或基本准确地测量一个人的品德"[②]。

一是接受过程效果量化范围的"完全覆盖难"。思想政治教育接受过程的效果测评的覆盖范围广，涵括认知、情感、意志、态度、理想、信念、价值观等多维度测评指标。一般而言，思想政治教育接受过程效果的显性层面的内容可以借助工具进行量化测评，但显性层面仅是冰山一角，大量潜意识层面的内容很难设定科学的量化指标，接受过程效果的量化难以实现全覆盖。这就要求思想政治教育接受过程的效果测评必须将定性和定量相结合，正如美国学者格郎兰德提出的评价公式：评价＝测量（量的记述）或非测量（质的记述）＋价值判断。

二是接受过程效果量化维度的"权重设置难"。思想政治教育接受过程效果作为一种整体性呈现，难以通过量化的方式予以阐明，必须基于思想政治教育接受过程的运行机理提取量化维度。现实中，思想政治教育接受过程效果的量化维度在重要程度方面是否一致？在不同群体之间是否存在差异？如果不一致，哪一个维度最为关键？如果有差异，差异的依据是什么？如此一系列问题，导致思想政治教育接受过程效果量化维度"权重设置难"。

三是接受过程效果量化项目的"科学设计难"。项目设计是一项专业性极强的工作，既要严格遵循项目设计的步骤流程，又要确保项目本身的适切性和可靠程度。思想政治教育接受过程效果量化的项目设计存在三个方面的

---

① 冯刚：《高校思想政治教育工作质量评价研究》，人民出版社，2020，第 109 页。
② 成长春、冯春芳：《思想政治教育实效性评价及其限度》，《学校党建与思想教育》2011 年第 10 期。

突出"难题"：一是项目的代表性、层次性以及内部一致性；二是项目与测评维度的适配性；三是项目如何观照个体、社会、国家三个层面的测评目标要求。尤其在《意见》提出要把思想政治工作作为治党治国的重要方式后，如何在思想政治教育接受过程效果测评的项目设计中有效体现，既是项目设计的难题也是崭新的时代课题。

3. 效能追踪困境

思想政治教育接受过程的效果测评不是"为评而评"，而是遵循"教育—效果测评—调整—再教育—效果再测评"的运行逻辑，发挥承前的鉴定功能和启后的咨询功能。精准追踪效能源头，是思想政治教育接受过程效果测评的应有之义。

一是思想政治教育接受过程效能定位的干扰"因素多"。思想政治教育接受过程的效果是多重因素共同作用的结果，既受教育主体、教育内容、教育介体等内部因素的影响，也受朋辈群体、社会环境、网络媒体等外部因素的影响。因此，思想政治教育接受过程的效果绝不是单一因素的"绩效"，而是体现出极强的"多因性"，如何确定接受过程的效果与效能因素的对应关系，是思想政治教育接受过程效能追踪面临的一个难题。

二是思想政治教育接受过程效能追踪的受体"差异大"。思想政治教育接受过程的效果是接受主体与影响因素交互作用的结果，离不开接受主体认知图式的加工。而接受主体的认知图式作为观念上把握客观对象的精神器官，无论是自我意识、审美意识、道德意识，还是动机、情感、兴趣，都具有强烈的个性特征。在接受主体认知图式的作用下，思想政治教育接受过程效果的丰富图景得以形成，对思想政治教育接受过程的效能追踪提出挑战。

三是思想政治教育接受过程效能追踪的时间"跨度长"。接受主体的早期童年经历以及知识、信念、情操等内容会凝结沉积为特殊的认识能力和思维定式。其中，童年的无意识经验可以在人的一生中与之相类似的情景下再次出现，不声不响地混合到意识生活的结构中，而不自知。接受主体的无意识经验时间跨度长，追根溯源难，加大了思想政治教育接受过程效能追踪的难度。

（四）接受过程效果测评的推进路径

综上所述，思想政治教育接受过程的效果测评目前面临内化效果无法直观判断，外化结果常常出现"失真"的难题。而实际上，目前学界主要从理论层面对评估的标准原则、宏观维度、指标体系等角度展开研究，而从实践层面"如何评估"则缺乏实操性引导，造成测评理论与操作实践的严重脱节。因此，有效推进思想政治教育接受过程的效果测评，必须基于过程视角厘清接受过程效果测评的目标定位，并通过科学的项目设定对接受过程效果的目标维度进行分析研判和动态考量。

1. 思想政治教育接受过程效果测评的目标定位

思想政治教育接受过程是一个从发生、发展到完成的动态过程。思想政治教育接受过程的效果测评必须在遵循思想政治教育接受过程运行机理的基础上，从接受者"知、情、意、信、行"着眼，首先提取接受过程效果测评的目标定位。

（1）认知目标。思想政治教育接受过程的运行首先是从感觉开始的。接受主体"通过感知系统的摄取，将来自外界的信息进行收集、分析、编码，把世界变成可感知的素材和接受活动的对象"[1]。在接受活动中，感知觉信息能否顺利进入注意环节，主要取决于信息内容与主体需求的契合程度，体现出极强的选择性。正如英国学者埃德蒙·利奇评价列维-斯特劳斯时所指出的，"他只选择与他理论相适合的资料，如果选择了其他材料，他的全部论证就不能自圆其说"[2]。在注意的基础上，大脑会采取语言、语义等形式对注意到的思想政治教育信息进行记忆存储。思维是人所特有的高级心理活动，接受主体会依据既有的认知图式对记忆存储的思想政治教育信息进行解读，形成理论性认知并进行价值性评判，最终做出或抛弃或待定或接

---

[1] 王妍、张大勇编著，陈月华、梁国伟主编《心理学与接受美学》，中国电影出版社，2011，第50页。

[2] 〔英〕埃德蒙·利奇：《列维-斯特劳斯》，王庆仁译，生活·读书·新知三联书店，1985，第104页。

受的决定，形成新的思想认识。思想政治教育接受的内化过程实质是接受主体在实践基础上获取、选择、解读和整合信息，属于认知层面，可提炼为认知维度。根据认知加工程度的不同，分解为感性认知和理性认知两个维度。

（2）情感目标。思想政治教育接受过程体现为一种链式的连续反应过程，看似一气呵成，实则是多重因素共同作用的结果。海德格尔主张，"我们对世界的知觉，首先是由情绪和感情揭开的"①。列宁指出："没有'人的感情'，就从来没有也不可能有人对于真理的追求。"② 情绪情感以弥散的方式对思想政治教育接受过程进行调控，表现为唤醒动机、协调冲突、激发意志、调节行为等。面对世界观、人生观、价值观，法理与人情、科技与伦理、公平与正义，中国道路、中国精神、中国力量等，接受主体表现出来的情绪情感样态，不仅反映了接受主体的认知程度和立场观点，而且反映了接受主体的思想政治素养。据此，情感可以作为思想政治教育接受过程效果测评的一个重要维度。依据情感体验的稳定性，分解为情绪体验和情感体验两个维度。

（3）意志目标。意志既是认识发展的催化剂，又是思想物化的推动力。"理智的工作仅在于认识这世界是如此，而意志的努力即在于使得这世界成为如此。"③ 思想政治教育接受活动的顺利开启，维持接受目标的既定指向，抑制接受过程的干扰因素，保障接受机理的正常运转，实现接受内容的外化践行，须臾离不开意志的调控。需要、动机、意志犹如一台永不停歇的发动机，它会驱使着人这样或那样的活动。接受主体在思想政治教育接受过程中的意志表现样态，固然与接受主体的个性直接相关，但更重要的是反映了接受主体对思想政治教育内容的认知兴趣、认同程度、信仰状况。据此，可以将意志作为接受过程的效果测评维度予以考量。根据意志的作用阶段，分解

---

① 〔美〕宾克莱：《理想的冲突——西方社会中变化着的价值观念》，马元德等译，商务印书馆，1983，第215页。

② 《列宁全集》（第20卷），人民出版社，1958，第255页。

③ 王妍、张大勇编著，陈月华、梁国伟主编《心理学与接受美学》，中国电影出版社，2011，第420页。

为意志准备和意志执行两个维度。

（4）信念目标。信念以认知为基础，融合了情感和意志，是知情意的"合金"。换言之，信念是真理性认同（相信）、情感认同（乐信）、意志坚持（坚信）的统一，信念的形成不是一朝一夕之功。德国哲学家恩斯特·卡西尔曾经说过，人用以与死亡相对抗的东西就是他对生命的坚固性、生命的不可征服、不可毁灭的统一性的坚定信念。[①] 思想政治教育接受过程指接受主体基于自身需要，在环境的作用下通过某些中介对接受客体进行反映、选择、整合、内化、外化等多环节构成的、连续的、完整的活动过程。接受过程的效果体现在思想和行为两个层面，其中信念正是接受过程的效果在思想层面的终极呈现，是思想政治教育接受过程效果测评的核心维度。根据信念的强度和稳定性，可以将信念分为初级——认同型信念、中级——理想型信念、高级——信仰型信念。其中，认知基础上的认同相信是初级层面的信念层级，认同基础上的理想追求是中级层面的信念层级，理想基础上的强化升华是高级层面的信念层级。

（5）行为目标。思想政治教育从本质上讲是"主观见之于客观"的对象性活动。受环境、动机、情景等因素的影响，尽管接受主体主观层面的认知、态度、观点和客观层面的表情、言语、动作不是完全的对应关系，但接受主体的外部表达仍是判定思想政治教育接受过程效果的直观参照和透视内部样态的最佳路径。朱熹曾曰："如何是礼？如何是智？须是着身己体认得。"思想政治教育接受过程的效果测评必须重视接受终端，将聚焦点后移，突出实践特性。实践属于行为层面，理应成为思想政治教育接受过程效果测评的行为维度。根据养成理论将行为维度细分为自发行为、自动行为、被动行为3个维度。

总之，思想政治教育接受过程效果测评的目标分解为认知、情感、意志、信念、行为5个一级目标和感性认知、理性认知、情绪体验、情感体

---

① 〔德〕恩斯特·卡西尔：《人论：人类文化哲学导引》，甘阳译，上海译文出版社，2013，第120页。

验、意志准备、意志执行、认同型信念、理想型信念、信仰性信念、自发行为、自动行为、被动行为等 12 个二阶维度。

2. 思想政治教育接受过程效果测评的设计过程

目标维度是思想政治教育接受过程效果的分解，为思想政治教育接受过程的效果测评提供了方向性指引。目标维度的测评需要科学设定项目和严格组织实施，这是保证思想政治教育接受过程效果测评有效性的关键。

（1）思想政治教育接受过程效果测评项目的设计。思想政治教育接受过程的效果测评维度具有较高的通约性，但项目设计不能一劳永逸，需要针对不同的评估对象进行修订，依据社会的发展要求适时更新。

第一，突出针对性。思想政治教育接受过程的效果测评项目不能千篇一律，要基于不同的调研对象、教育要求和育人目标，突出项目的差异化、层次性和针对性。比如，《意见》对企业思想政治工作、农村思想政治工作、机关思想政治工作、学校思想政治工作、社区思想政治工作、网络思想政治工作都作出明确的规定。思想政治教育接受过程的效果测评要以此为遵循，科学设定针对不同领域、不同群体的测评项目。

第二，贯彻科学性。项目来源的权威性和严谨性关系到思想政治接受过程效果测评的科学性。思想政治教育接受过程效果测评项目需要按照一定的设定流程，对项目的提取、删除、增设、表述等进行严格控制。就项目内容而言，接受过程的效果测评项目应精选思想政治教育内容，将典型的教育内容及其呈现样态进行隐蔽性表达，避免在测评中出现含糊不清和指向导引。同时，借助相关软件对思想政治教育接受过程效果测评项目的区分度和相关性进行评定，对于不达标的项目予以删除。

第三，体现发展性。思想政治教育接受过程效果的项目设定，要充分考虑社会诉求、国家政策、理论创新，适时对项目进行调整、充实和完善，突出时代特征。比如，思想政治教育质量的评价大致经过了"合规""合需要""合发展"三个阶段。新时代根据《意见》要求，思想政治教育接受过程的效果测评项目应围绕立德树人的总目标，突出治党治国的重要功能。

第四，落实统一性。思想政治教育接受过程的效果测评，协同攻关和合作意识不强，在项目设定上缺乏统一和延续，造成评估结果无法进行横向和纵向的比较，思想政治教育接受过程效果测评项目的统一化设计势在必行。一是建立项目库。项目库要基于评估维度、适用群体等进行不同的类别划分，至少涵盖通用和专用两部分。其中，通用部分对所有群体普遍适用，专用部分只适用某些特殊群体。二是调整项目库。采取定期和不定期方式，对当下出现的重大理论创新、时事热点等进行项目化加工，为思想政治教育接受过程效果测评服务。

（2）思想政治教育接受效果测评过程的实施。思想政治教育接受过程的效果测评主要遵循数据的采集、分析和研判的逻辑思路。

一方面，数据的采集渠道。思想政治教育接受过程效果测评的数据主要有三个渠道。一是借助目标维度的测评项目，通过问卷和访谈的方式获取数据，这是一项专业性极强的工作。首先需要建立信任，给予教育对象更多人文关怀和心理疏导，纾解教育对象的抵触情绪和排斥心理。通过专门性的调查访谈和经常性的互动交流，获取真实有效的数据，这是思想政治教育接受过程效果测评数据采集的主渠道。二是考试测验，其仍是数据获取的有效方式，可以借助智能测试软件、传统试卷测验等方式采集教育对象关于思想政治教育的认知理解状况。三是重视网络数据的采集，积极关注网络的声音、思潮和观点。新媒体时代以"两微一端一抖"为代表的微传播，打造了5A级的传播环境，思想政治教育接受过程效果测评的数据采集不能忽视网络一环。三种渠道相互补充、相互印证，共同为思想政治教育接受过程的效果测评提供数据支撑。

另一方面，数据的处理流程。一是数据的加工。首先对通过网络渠道和访谈方式采集的数据去粗取精、去伪存真，进行项目化归类，在此基础上对标思想政治教育的要求给予赋值加工。如此一来，连同问卷搜集的数据一并导入专门软件，并将考试测验的数据作为一个观测分析点。二是数据的研判。借助软件对思想政治教育接受过程效果在各目标维度的情况作出判定，也可以对单一教育对象的接受过程效果进行提取。通过数据的分析研判，明确思想政治教育接受过程效果的整体情况，各群体接受过程效果的差异性以及目标维度的薄弱点，为精准评判思想政治教育接受过程效果提供依据。三是数据的管理。新时代数据就是生产力，要特别注重思想政治教育接受过程效果测评数据的存储和管理。通过大数据技术对思想政治教育接受过程效果测评数据进行追踪和提取，为开展纵向的比较研究作准备，为思想政治教育政策的制定提供数据支撑。

3. 思想政治教育接受过程效果测评的全面反馈

思想政治教育接受过程效果"难以用确定的指标因子和精确的方法进行测量"[①]，但并不能据此认定接受过程效果测评在实践中无法操作。思想政治教育接受过程效果测评能否达成测评目标，必须在测评最后环节进行全面反馈和总结。一是效果的认定。思想政治教育接受过程效果何以有效，取得了多大的实效，是否需要参照标准？如果需要，其参照的标准是什么？参照标准的标准是刚性的还是柔性的？是否会由此陷入"死循环"。如果不需要，效果又是基于什么参照系来认定？二是权重的设计。思想政治教育接受过程效果测评的五个目标维度，具有不同的表现样态和不同的作用功效，难以进行科学比较，在权重设计上也通常采取无差别对待。而在实际场景中，基于不同的接受群体和目标任务，对接受过程效果目标维度的权重应进行差异化设计，这是需要进一步探索的课题。三是误差的规避。前面已经提及，接受过程效果的呈现是动态的，可能即时也可能延时，而施测为静态的评定结果，如何化解时间差的矛盾？被试者当下的情感状态、调研的方式等都会对思想政治教育接受过程的效果测评产生影响，这些误差如何规避？如果不能规避，怎样降低误差？或采取什么样方法予以补救？需要进一步研究思考。

---

① 王恩江、李俊卿：《高校思想政治理论课教学有效性评价原则及维度构建》，《思想理论教育导刊》2015 年第 4 期。

第四章

新时代大学生思想政治教育
接受过程的实证分析

对于大学生思想政治教育接受过程的优化，首先需要厘清大学生思想政治教育接受过程中存在的问题。对于该问题的确认不能靠拿来主义，更不能靠主观臆造，而是需要通过实证调研的方法予以解答。基于此，本书选取 5 所高等院校开展调研，对大学生思想政治教育接受的状况进行统计分析，提炼出大学生思想政治教育接受过程中存在的问题，进而分析影响大学生思想政治教育接受的因素，为优化大学生思想政治教育接受过程提供依据。

一　新时代大学生思想政治教育接受过程的问卷编制

问卷法是现代科学研究的一种常用方法，"问卷法涉及社会科学研究中的一个专门领域"①，"社会调查十有八九是采用问卷进行的"②。问卷法作为一种科学的研究方法，不管运用在哪个领域，都能够体现出许多类似于自然科学的一般的、共性的特征。当前，问卷法已经成为高校思想政治工作者的必备工具。大学生思想政治教育中的问卷法与其他社会科学研究中的问卷法一样，"抽样—问卷—统计分析"在其中居于核心位置，具有标准化、间

---

① Earl R. Babbie, *The Practice of Social Research*, Belmont: Wadsworth Publishing Company, 1989, p. 1.

② C. A. Moser and G. Kalton, *Survey Methods in Social Investigation*, London: HEB Ltd, 1971, p. 45.

接性、匿名性、抽样调查、定量调查等技术化特征。问卷法的核心问题是如何确保问卷本身的信度和效度,这是展开调查研究的基础和前提。本书拟借鉴相关研究成果,编制适宜大学生思想政治教育接受过程的测评问卷,为开展大学生思想政治教育接受过程的实证研究提供依据。

（一）问卷法功能

在大学生思想政治教育研究中,问卷法的功能主要体现在以下两个方面。一方面,它站在科学、客观的立场上认识和描述大学生的思想状况、行为特点、政治态度、社会观点,以及大学生思想政治教育的现状、经验和教训,从而澄清大学生思想政治教育的相关问题。另一方面,通过对问卷中的变量进行相关分析、因果分析,找到影响大学生思想政治教育的相关因素,并结合其他研究方法,为加强和改进大学生思想政治教育提出建议。具体而言,问卷法在大学生思想政治教育中发挥重要功能。

一是探索大学生的行为、动机和需求。在很多情况下,了解或解释大学生的某种行为就构成一次问卷调查的目的。运用问卷法可以调查大学生行为的多个层面。问卷法具有间接性、匿名性的特点,在调查大学生隐私行为、异常行为等方面具有一定优势,但能否取得成功,很大程度上还要取决于大学生的信任。

二是调查大学生的态度、观点和信念。大学生思想政治教育的关键是深入大学生群体,把握大学生的思想脉搏和内在需求。因此,问卷比较多地涉及大学生的态度、观点、信念、价值观等内在性因素。与行为一样,大学生对某件事物的态度、观点和信念也常常构成一次问卷调查的目的。问卷设计不能"闭门造车"、自说自话,否则,项目设计及答案范畴就无法与大学生的心理节奏"合拍",问卷的信效度也就令人质疑。

三是探测大学生的期望。从根本上讲,大学生思想政治教育中的问卷法是为加强和改进大学生思想政治教育而服务的,因此,问卷中总是少不了探测大学生期望的问题。例如,在一项旨在探索大学生思想政治教育模式的研究中,我们可以询问"您认为大学生思想政治教育的最佳途径是什么""您理想的思政课是什么样子"等。

四是掌握大学生思想、行为、政治态度等方面的特点、规律及影响因素,为开展大学生思想政治教育提供经验支持或理论依据。在大学生思想政治教育中,运用问卷法不仅可以了解大学生的思想政治状况,还可以用来寻找因果关系或相关关系,解释现象并发现规律。"抽样—问卷—统计分析"这一研究过程有助于我们掌握这些特点、规律和影响因素。①

(二)编制程序

问卷法是指调查者根据调查目的,运用统一设计的自填式问卷或结构式问卷,向抽样选取的调查对象了解情况、征询意见,并通过回收、整理和统计分析问题答案,对所研究的社会现象进行描述和解释,并进一步从中发现规律、预测发展趋势的社会研究方法。一般来讲,大学生思想政治教育的问卷法是测量、描述和解释大学生思想政治状况或其他与大学生思想政治教育相关的内容的一种调查研究方法。具体而言,在运用问卷法的过程中,调查者根据研究目的,将一系列事先设计好的问题组合并编制成一套调查问卷,然后由抽样选取的大学生填写,再经过系统整理和统计分析所获取的答案信息,总结大学生的思想、行为、政治态度等方面的特点、规律、影响因素,预测发展趋势,从而为大学生思想政治教育提供经验和理论依据。

1. 维度构想

思想政治教育接受过程是接受主体出于自身需要,在环境的作用下通过某些中介对接受客体进行反映、选择、整合、内化、外化等多环节构成的、连接的、完整的活动过程。在整个接受过程中,接受主体自始至终离不开情绪情感的引导以及意志的坚持。因此,在问卷维度的构想上,笔者认为大学生思想政治教育接受过程包括认知过程、情感过程、意志过程和行为过程四个维度。其中,认知过程包括感性认知和理性认知两个二阶维度;情感过程

---

① 陈炳:《大学生思想政治教育中问卷法的特殊性及其定位》,《思想教育研究》2011 年第 9 期。

包括情绪体验和情感体验两个二阶维度；意志过程包括意志准备和意志执行两个二阶维度；行为过程包括自发行为、主动行为和被动行为三个二阶维度（见图4-1）。

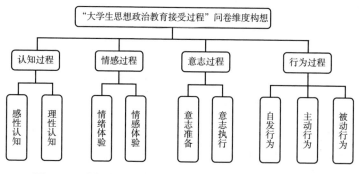

图4-1　"大学生思想政治教育接受过程"问卷维度构想

2. 项目来源

大学生思想政治教育接受过程问卷的项目来源渠道主要包括三个。一是在参阅认知心理学、基础心理学相关著作、论文、量表的基础上，结合大学生思想政治教育接受过程的特殊性进行修改。二是对30名大学生的访谈记录进行整理，提炼问卷项目。三是搜集大量关于"接受过程""信息接受""思想接受"等词条，对原有条目进行补充（见表4-1）。

表4-1　"大学生思想政治教育接受过程问卷"项目及维度

一阶维度	二阶维度	项目数(个)	总项目数(个)
认知过程	感性认知	8	16
	理性认知	8	
情感过程	情绪体验	7	14
	情感体验	7	
意志过程	意志准备	5	11
	意志执行	6	
行为过程	自发行为	6	18
	主动行为	6	
	被动行为	6	

3. 实施路径

拟定问卷项目。首先厘清大学生思想政治教育接受过程的内涵和构成要素，在此基础上，分析大学生思想政治教育接受过程运行的相关理论。根据理论研究的结果，确定问卷维度，在此基础上拟定项目。

调整问卷项目。邀请 20 名大学生和 3 名具有心理学背景的教师对问卷提出意见，调整赘述、表达模糊不清的项目，以使项目更加贴近所属维度。如将项目"我平时会主动阅读马克思主义理论著作"调整为"我会忍不住主动阅读马克思主义理论著作"。

形成问卷雏形。问卷由三个部分组成。第一部分，基本资料。包括被试者性别、身份、生源地、性格特点、父母的教养方式等 12 个方面的问题。第二部分，问卷正文。本部分共包括 59 个项目，分别隶属于认知过程、情感过程、意志过程、行为过程四个方面。第三部分，附加部分。该部分力图从归因的角度入手，寻找影响大学生思想政治教育接受过程的因素，为优化接受过程提供依据。

（三）初试分析

1. 项目分析

项目分析是指根据测试结果对组成测验的各个项目进行分析，评价项目的好坏、优劣，进而对项目进行筛选。

项目区分度分析。区分度指测试项目对所测属性的鉴别力，是衡量项目质量的主要指标之一。本测验主要通过求得项目的临界比率值（CriticalRatio，以下简称 CR 值）的方法进行项目分析。本测验首先对问卷 59 个项目的区分度进行研究。首先将所有项目的总均分按照由高到低的顺序进行排列，各取高低分组的 27%，分别命名为高分组和低分组，并对两组进行独立样本 t 检验。对 CR 值在 0.05 水平上显著的项目予以保留，剔除差异不显著的项目，并对问卷进行重新整合。由表 4-2 可知，项目 13、27、28、35、41、42 的 CR 值没有达到显著水平，予以删除。

项目与总分的相关性分析。项目与总分之间的相关性也是项目分析的重

要检测手段，为了保证统计结果的科学性，保留与量表总分呈显著性相关的
项目，剔除显著性不相关的项目。由表 4-3 可知，项目 3、13、17、27、
28、35、41、42 共 8 个项目显著性不相关，予以删除。

表 4-2 项目区分度分析

项目	CR 值	P	项目	CR 值	P	项目	CR 值	P
1	90.69(**)	0.00	21	9.48(**)	0.00	41	-0.87	0.38
2	40.84(**)	0.00	22	6.67(**)	0.00	42	-1.22	0.22
3	15.98(**)	0.00	23	5.66(**)	0.00	43	10.99(**)	0.00
4	16.33(**)	0.00	24	3.35(**)	0.00	44	9.48(**)	0.00
5	16.89(**)	0.00	25	2.19(*)	0.03	45	16.15(**)	0.00
6	15.74(**)	0.00	26	3.39(**)	0.00	46	7.46(**)	0.00
7	14.68(**)	0.00	27	0.00	1.00	47	12.85(**)	0.00
8	16.74(**)	0.00	28	-0.28	0.77	48	5.97(**)	0.00
9	7.04(**)	0.00	29	6.90(**)	0.00	49	11.08(**)	0.00
10	5.14(**)	0.00	30	3.32(**)	0.00	50	1.89(*)	0.04
11	14.87(**)	0.00	31	1.98(*)	0.04	51	6.26(**)	0.00
12	3.30(**)	0.00	32	10.83(**)	0.00	52	4.15(**)	0.00
13	-0.45	0.65	33	5.95(**)	0.00	53	8.89(**)	0.00
14	3.82(**)	0.00	34	14.65(**)	0.00	54	11.00(**)	0.00
15	5.52(**)	0.00	35	-1.80	0.07	55	2.27(*)	0.02
16	5.68(**)	0.00	36	5.02(**)	0.00	56	1.96(*)	0.04
17	-1.90(*)	0.04	37	13.45(**)	0.00	57	13.38(**)	0.00
18	9.37(**)	0.00	38	16.89(**)	0.00	58	4.65(**)	0.00
19	9.97(**)	0.00	39	13.22(**)	0.00	59	4.26(**)	0.00
20	10.91(**)	0.00	40	2.21(*)	0.03			

注：* 表示 $P < 0.05$，** 表示 $p < 0.01$

表 4-3 项目与量表总分的相关分析

项目	相关	P	项目	相关	P	项目	相关	P
1	0.68(**)	0.00	4	0.59(**)	0.00	7	0.65(**)	0.00
2	0.66(**)	0.00	5	0.60(**)	0.00	8	0.69(**)	0.00
3	-0.06	0.15	6	0.65(**)	0.00	9	0.48(**)	0.00

续表

项目	相关	P	项目	相关	P	项目	相关	P
10	0.31(＊＊)	0.00	27	0.01	0.72	44	0.53(＊＊)	0.00
11	0.63(＊＊)	0.00	28	0.05	0.69	45	0.65(＊＊)	0.00
12	0.39(＊＊)	0.00	29	0.57(＊＊)	0.00	46	0.61(＊＊)	0.00
13	0.61	0.12	30	0.34(＊＊)	0.00	47	0.71(＊＊)	0.00
14	0.38(＊＊)	0.00	31	0.09(＊)	0.02	48	0.54(＊＊)	0.00
15	0.52(＊＊)	0.00	32	0.63(＊＊)	0.00	49	0.69(＊＊)	0.00
16	0.42(＊＊)	0.00	33	0.42(＊＊)	0.00	50	0.08(＊)	0.03
17	−0.00	0.96	34	0.65(＊＊)	0.00	51	0.53(＊＊)	0.00
18	0.61(＊＊)	0.00	35	2.21	0.03	52	0.38(＊＊)	0.00
19	0.58(＊＊)	0.00	36	0.63(＊＊)	0.00	53	0.63(＊＊)	0.00
20	0.58(＊＊)	0.00	37	0.68(＊＊)	0.00	54	0.58(＊＊)	0.00
21	0.57(＊＊)	00.00	38	0.65(＊＊)	0.00	55	0.13(＊＊)	0.02
22	0.51(＊＊)	0.00	39	0.18(＊＊)	0.00	56	0.14(＊＊)	0.05
23	0.50(＊＊)	0.00	40	0.49(＊＊)	0.27	57	0.61(＊＊)	0.00
24	0.39(＊＊)	0.00	41	−0.02	0.58	58	0.32(＊＊)	0.00
25	0.15(＊＊)	0.00	42	0.05	0.21	59	0.43(＊＊)	0.00
26	0.14(＊＊)	0.00	43	0.63(＊＊)	0.00			

注：＊表示 P<0.05，＊＊表示 p<0.01

2. 探索性因素分析

（1）探索性因素分析条件。KMO 值是 Kaiser-Meyer-Olkin 的取样适当性量数。根据 KMO 检验标准，KMO 值在 0.9 以上，非常好；0.8~0.9，好；0.7~0.8，一般；0.6~0.7，差；0.5 以下，不能接受。对于 KMO 来说，其数值越大，表明变量间的共同因素越多，越适合进行探索性因素分析。本研究中 KMO 值为 0.937，适合探索性因素分析。本研究 Bartlett 球形检验值为 18815.65，显著水平为 0.000，极其显著，说明变量间有共享因素的可能性，适合进行探索性因素分析。具体结果见表 4-4。

表 4-4　KMO 和 Bartlett 球形检验

检验标准		数值
KMO		0.937
Bartlett 球形检验	近似卡方	18815.65
	显著性	0.000

（2）探索性因素分析程序。通过对剩余的 51 个项目进行探索性因素分析，结果显示，有 10 个特征值大于 1 的因素，解释总变异量为 60.02%，另有特征值小于 1 的 5 个项目。其中，在特征值大于 1 的 10 个因素中，有 2 个因素仅包含 2 个项目。根据探索性因素的项目删除标准，把项目数小于等于 2 的因素和因素特征值小于 1 的项目删除。因此，将因素 9 的项目 7、22，因素 10 的项目 48、58，因素特征值小于 1 的项目 8、23、34、55、59 予以删除。经探索性因素分析得出的 8 个维度与问卷构想中的二阶维度基本相符，具体见表 4-5。

表 4-5　问卷各因素的特征值和贡献率

因素	特征值	贡献率（%）	累积贡献率（%）
1	9.34	13.65	13.65
2	7.93	9.18	22.83
3	7.17	8.61	31.44
4	5.15	6.56	38.00
5	3.73	5.28	43.28
6	3.11	5.14	48.42
7	2.18	4.36	52.78
8	1.47	3.23	56.01

（3）因素命名。经探索性因素分析得出的 8 个因素，见表 4-6。

表 4-6　问卷因素负荷矩阵

	1	2	3	4	5	6	7	8	共同度
T4	0.75								0.689
T11	0.73								0.701
T6	0.71								0.657

续表

	1	2	3	4	5	6	7	8	共同度
T5	0.71								0.595
T19	0.70								0.662
T12	0.70								0.608
T40		0.69							0.626
T16		0.68							0.647
T26		0.67							0.453
T14		0.67							0.464
T15		0.66							0.604
T20			0.63						0.481
T21			0.63						0.543
T50			0.63						0.678
T51			0.62						0.567
T52			0.62						0.576
T30				0.60					0.576
T33				0.59					0.505
T32				0.57					0.470
T31				0.54					0.566
T36				0.50					0.593
T43					0.47				0.542
T47					0.46				0.547
T45					0.46				0.572
T46					0.45				0.525
T44					0.45				0.533
T1						0.42			0.487
T2						0.41			0.518
T53						0.40			0.612
T54						0.40			0.584
T56						0.40			0.643
T38							0.39		0.696
T39							0.39		0.441
T57							0.38		0.638
T29							0.38		0.582
T49							0.38		0.728
T37							0.37		0.541

续表

	1	2	3	4	5	6	7	8	共同度
T9							0.34		0.522
T10								0.34	0.670
T18								0.32	0.557
T24								0.31	0.586
T25								0.31	0.690

因素 1：包含 6 个项目，分别是 4、11、6、5、19、12。6 个项目均体现为认识过程中的感觉、知觉、注意和记忆，都是客观事物直接作用于感觉器官而获得的认识，缺乏对事物本质的把握。因此，将此因素命名为感性认知。

因素 2：包含 5 个项目，分别是 40、16、26、14、15。5 个项目具有相同的表述形式，均以"我认为"或"我坚信"陈述观点，是在思维加工的基础上对事物本质的认识、判断和把握，属于认识的高级阶段。因此，将此因素命名为理性认知。

因素 3：包含 5 个项目，分别是 20、21、50、51、52。5 个项目均在表述一种情绪体验，如高兴、气愤、耿耿于怀、手舞足蹈等，均与心境、激情、应激等状态相关。因此，将此因素命名为情绪体验。

因素 4：包含 5 个项目，分别是 30、33、32、31、36。5 个项目均体现了行为选择背后的情感指向，传递了一种态度体验和对某种行为的偏好，与情感过程的道德感、理智感和美感具有一定的相通性。因此，将此因素命名为情感体验。

因素 5：包含 5 个项目，分别是 43、47、45、46、44。5 个项目均体现为动机斗争和计划制定，恰似意志过程中的准备阶段。因此，将此因素命名为意志准备。

因素 6：包含 5 个项目，分别是 1、2、53、54、56。5 个项目均体现为克服困难和排除干扰的决心，恰似意志过程中的执行阶段。因此，将此因素命名为意志执行。

因素7：包含7个项目，分别是38、39、57、29、49、37、9。7个项目均体现了行为的主动性，属于主动性行为。因此，将此因素命名为主动行为。

因素8：包含4个项目，分别是10、18、24、25。4个项目均体现了行为的被动性，属于被动性行为。因此，将此因素命名为被动行为。

3. 形成正式问卷

根据项目分析和探索性因素分析的结果，对初始问卷中的项目进行筛选，最终形成42个项目、8个维度（V1 感性认知、V2 理性认知、V3 情绪体验、V4 情感体验、V5 意志准备、V6 意志执行、V7 主动行为、V8 被动行为）的正式问卷（完整问卷见附录）。

4. 正式问卷的信效度检验

一个好的测量工具，反复多次测量同一事物，其结果应该保持不变才可信，为了保证研究的科学性，本研究对所编制问卷的信度进行测量。信度即测验的可信程度，用来测量结果的一致性和稳定性。本研究通过 Alpha 系数、分半信度以及重测信度进行检验。由表 4-7 可知，问卷各维度除 V8 被动行为的 Alpha 系数为 0.583，低于 0.60 以外，其他各维度的 Alpha 系数、分半信度以及重测信度都分布于 0.634～0.876 之间。由此可见，所编制的问卷各维度的项目在构想上趋于一致，具有较高的可信性。

表 4-7　"大学生思想政治教育接受过程"问卷信度检验

维度	项数目	Alpha 系数	分半信度	重测信度
V1	6	0.789	0.734	0.761
V2	5	0.670	0.729	0.736
V3	5	0.789	0.836	0.761
V4	5	0.720	0.712	0.824
V5	5	0.856	0.639	0.674
V6	7	0.678	0.796	0.717
V7	4	0.782	0.634	0.803
V8	5	0.583	0.701	0.694
全量表	42	0.876	0.805	0.753

二　新时代大学生思想政治教育接受
过程存在的主要问题

运用编制的大学生思想政治教育接受过程问卷选取 1000 名大学生进行施测，运用 SPSS17.0 对调研数据进行统计分析。调查表明，当前我国大学生思想政治教育接受状况总体呈现出良好的发展态势，对思想政治教育内容具有较高的认知、较深的情感、较强的意志，较为积极的行为。但是，我们在肯定大学生思想政治教育接受过程积极成效的同时也不能忽视存在的问题。

（一）维度间不平衡

大学生思想政治教育接受过程包括四个一阶维度和八个二阶维度。通过对大学生思想政治教育接受过程的各维度及总分进行平均值和标准差的分析得出，大学生思想政治教育接受过程一阶维度的均值得分从高到低依次为行为过程、认知过程、情感过程和意志过程（见图 4-2）。由此可见，多数大学生能够自觉按照社会倡导的思想观念、价值准则、道德规范约束自身言行，但存在接受意志薄弱和接受情感抗拒的问题，维度间发展不平衡。具体

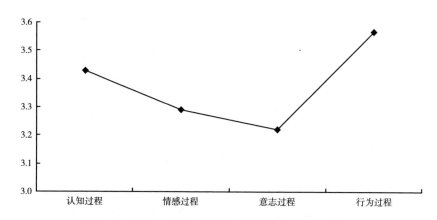

图 4-2　大学生思想政治教育接受过程的均值折线图

到二阶维度，如表 4-8 所示，行为过程 8 个维度中得分高于 4 的维度仅有被动行为 1 个维度；大部分维度在 3 分以上；情感体验维度还不能达到 3 分。总体而言，大学生思想政治接受过程存在如下特点：理性认知得分低于感性认知，情感体验得分低于情绪体验，意志准备得分低于意志执行，主动行为得分低于被动行为。由此可见，二阶维度中同样存在发展不平衡的问题。

表 4-8　大学生思想政治教育接受过程现状分析

维度	维度名称	M	SD
V1	感性认知	3.578	0.747
V2	理性认知	3.279	0.718
V3	情绪体验	3.678	0.594
V4	情感体验	2.905	0.650
V5	意志准备	3.220	0.911
V6	意志执行	3.221	0.713
V7	主动行为	3.051	0.721
V8	被动行为	4.085	0.774
总分	总量表	3.047	0.537

注：M 表示平均数，SD 表示标准差。

（二）接受动力缺乏

思想政治教育接受不会自发生成，而是需要具备一定的动力，这种动力源自接受主体对思想政治教育内容的真理性追求和价值性追求。本研究在问卷的第三部分设置了关于大学生对思想政治教育本身、思想政治理论课看法的问题，旨在了解大学生接受思想政治教育的态度、动机、目的和兴趣。调查发现：大学生选择思想政治理论课的原因，有 53.18% 的大学生认为因为是必修课必须上，有 10.42% 的大学生单纯是为了应付考试拿学分，有 7.45% 的大学生是因为课堂纪律的约束。由此可见，高达 71.05% 的大学生受纪律性约束和功利性驱动被动选择思想政治理论课，学习动机与课程设置的初衷相背离。规避惩罚和功利趋向必然导致兴趣的缺失，在对思想政治理论课兴趣调查中应验了这一点，高达 30.99％ 的学生对课程不太感兴趣，几乎占总人数的三分之一。此外，对高校开设思想政治理论课的必要性的调查发现：有 25.28％ 的学生选择不太有必要和没必要。由此可见，部分大学生没有意识到思想政治教育对于自身成长成才的意义和价值。重视专业课的学习而忽视政治理论的学习，对思想政治教育存在抵触情绪，接受动力明显缺乏。

（三）接受能力不强

思想政治教育接受能力是指对思想政治教育内容的感受能力、选择能力、内化能力和外化能力，思想政治教育接受能力的强弱直接关系到思想政治教育接受的实效。现实中，部分大学生思想政治接受能力不强致使思想政治教育接受实效降低，具体表现在以下几个方面。第一，感受能力不强。思想政治教育感受能力指以一定的社会政治经验为基础，对思想政治教育接受环境、接受内容的感受力。一般而言，接受主体社会政治经验越丰富，思想政治教育感受能力越强。调查发现：部分大学生政治敏感度低，对思想政治教育的感受能力不强，影响思想政治教育接受的实现程度。例如，项目"校园里，我能很快注意到思想政治教育的宣传栏目"，有 16.79％ 的学生选择基本不符合，有 2.95％ 的学生选择完全不符合。第二，评判标准错位。评判标准指接受主体在评价活动中应用于对象的价值尺度和界限，是接受主体价值认识的反映，具有重要的指引功能。调查发现：部分大学生思想政治教育的评判标准存在功利化、庸俗化，是非、善恶、美丑模糊化的错误倾向，降低了思想政治教育接受实效。如项目"坚持不懈是迈向成功的关键"，有 33.12％ 的学生选择完全不符合和基本不符合。第三，思维定式干扰。内化指接受主体对选择之后的信息进行加工，使其与既有认知图式发生对接的建构过程。调查发现：部分大学生受认知定势的影响，接受过程存在排他性和定向性的问题，容易成为思想政治教育接受过程中的障碍和干扰。如项目"我认同当集体利益和个人利益发生冲突时，个人利益让位于集体利益"，有 21.77% 的学生选择大部分符合，有 40.13% 的学生选择完全符合，反映了部分大学生没有切实把握社会主义核心价值观的本质要义。

（四）接受情感抗拒

"情感是人对客观现实的一种特殊的反映形式，是人对于客观事物是否符合人的需要和社会要求而产生的某种体验。"① 在大学生思想政治教育接受过程中，接受主体的情感参与度和情感倾向性直接影响教育的效果。调查发现：部分大学生在思想政治教育接受过程中存在情感抗拒。一是对教育活动本身的情感抗拒。部分大学生认为思想政治教育活动空喊口号、单调乏味，与自身成长、发展没有必然关联，持无所谓的态度。如关于思想政治理论课教材内容、教学内容的看法，有 23.33% 的大学生认为思想政治教育是教条主义、空洞的理论；有 13.68% 的大学生认为思想政治教育与实际结合不紧密；有 37.78% 的大学生认为高校思想政治理论课与中学政治课重复太多；有 13.06% 的大学生认为思想政治理论课的基本理论和基本观点已经过时；25.34% 的大学生认为思想政治理论课与社会现实存在背离。项目"如果思想政治理论课作为选修课，我仍然会选择"，仅有 18.35% 的大学生选择完全符合，而有高达 30.68% 的大学生选择完全不符合。二是对教育主体的情感抗拒。教育过程的实质在一定程度上可以理解为教育主体和接受主体产生情感共鸣的过程。在一些大学生心目中，部分思想政治理论课教师知识匮乏、照本宣科、自以为是，授课缺少思想性、趣味性、说服力，致使部分大学生对教育主体产生情感抗拒，更谈不上接受教育主体的说教。如项目"思想政治理论课教师对大学生缺乏吸引力，最主要的原因"，有 48.98% 的大学生认为教学方式陈旧、单一，难以激发学生的学习兴趣是教师缺乏吸引力的主要原因。

（五）接受意志薄弱

意志是人自觉确定目的、克服困难，以实现既定目标的心理过程。对大

---

① 姚劲超：《论情感意志因素在认识过程中的作用》，《文史哲》1988 年第 4 期。

学生而言，意志强弱直接关系到大学生在困难和诱惑面前的选择。目前，大学生主要为"00后"青年群体，他们豪情满怀却盲目狂热、缺乏理性，勇往直前但容易冲动、感情用事。存在生理发育和心理发育不同步的特征，生理成熟超前和心理成熟滞后的矛盾，有些学生意志比较薄弱，辨别能力不足，易受煽动蛊惑。比如，面对多样化社会思潮在重大或敏感事件上的纷争，他们往往缺乏理性，偏离马克思主义的轨道，接受各种非马克思主义的社会思潮，对思想政治教育内容产生误解和怀疑，严重影响思想政治教育接受的效果。项目"临近考试，尽管有自己感兴趣的球赛，但我会选择复习笔记"，有16.41%的学生选择基本不符合，有8.55%的学生选择完全不符合。项目"在思想政治理论课上，我会想办法克制自己不打瞌睡"，有17.77%的学生选择基本不符合，有8.31%的学生选择完全不符合。

（六）主动行为不足

思想是行为的先导，行为是受思想支配而表现出来的外在活动。主动行为是在没有外界作用力的驱使下自觉作出的行为活动，具有积极性和主动性的特点，而被动行为是在外界作用力的驱使下而作出的行为活动，具有消极性和被动性的特点。大学生良好的主动行为具有较高的要求，是检验大学生思想政治教育接受实效的重要标准。调查发现：在大学生思想政治教育接受过程中，被动行为得分远远高于主动行为，大学生缺乏自觉学习的意识和主动奉献的精神。项目"吃饭时，我会督促他人不要浪费粮食"，有83.34%的学生选择基本不符合和完全不符合。

三　新时代大学生思想政治教育接受过程的影响因素分析

大学生思想政治教育接受过程的运行是多重因素共同作用的结果。按照马克思主义内外因辩证原理，接受主体是内部因素，是大学生思想政治教育接受发生的根据。教育主体、接受环体、接受介体等是外部因素，是大学生思想政治教育接受发生的重要条件。研究大学生思想政治教育接受过程的影响因素，需要从内外因两个角度展开。

（一）接受主体影响因素分析

1. 性格特征对大学生思想政治教育接受过程的影响

近年来，研究者们在人格描述模式上达成了比较一致的共识，提出了大五人格理论，堪称人格心理学的一场革命。其将人的性格特质归纳为外倾性、情绪稳定性、开放性、宜人性、尽责性等五个维度。问卷通过描述五种人格的典型特征，让大学生进行自我认识和自我定位，以此研究大学生的性格特征与思想政治教育接受过程的关系。研究过程中，分别对五种人格两个极端的大学生进行 8 个维度与总分的 t 检验（见表 4-9、表 4-10、表 4-11、表 4-12、表 4-13）。

表 4-9　外倾性对大学生思想政治教育接受过程的影响

维度	外倾性	M 值	SD	t	p
V1	是	3.588	0.730	5.381	0.000
	否	3.258	0.732		
V2	是	3.990	0.703	5.699	0.000
	否	3.656	0.696		
V3	是	3.754	0.570	4.672	0.000
	否	3.526	0.609		
V4	是	3.995	0.622	5.121	0.000
	否	3.722	0.666		
V5	是	3.646	0.903	5.067	0.000
	否	3.267	0.874		
V6	是	3.455	0.699	6.956	0.000
	否	3.054	0.665		
V7	是	3.626	0.691	5.944	0.046
	否	3.277	0.724		
V8	是	3.127	0.800	2.004	0.000
	否	2.998	0.710		
总量表	是	3.648	0.511	6.984	0.000
	否	3.345	0.531		

表 4-10　情绪稳定性对大学生思想政治教育接受过程的影响

维度	情绪稳定性	M 值	SD	t	p
V1	是	3.551	0.745	-4.772	0.000
	否	3.218	0.695		
V2	是	3.939	0.710	-4.050	0.000
	否	3.666	0.706		
V3	是	3.712	0.585	-2.725	0.007
	否	3.559	0.607		
V4	是	3.954	0.646	-3.698	0.000
	否	3.728	0.633		
V5	是	3.617	0.870	-5.176	0.000
	否	3.177	0.970		
V6	是	3.402	0.702	-5.509	0.000
	否	3.036	0.681		
V7	是	3.580	0.714	-4.729	0.000
	否	3.261	0.691		
V8	是	3.095	0.780	-0.665	0.513
	否	3.046	0.751		
总量表	是	3.606	0.522	-5.394	0.000
	否	3.336	0.537		

表 4-11　开放性对大学生思想政治教育接受过程的影响

维度	开放性	M 值	SD	t	p
V1	是	3.553	0.740	4.906	0.000
	否	3.211	0.708		
V2	是	3.966	0.699	5.957	0.000
	否	3.570	0.697		
V3	是	3.726	0.561	3.874	0.000
	否	3.509	0.669		
V4	是	3.986	0.630	6.204	0.000
	否	3.614	0.635		
V5	是	3.580	0.920	3.199	0.000
	否	3.305	0.846		
V6	是	3.408	0.726	5.998	0.000
	否	3.012	0.569		

续表

维度	开放性	M 值	SD	t	p
V7	是	3.579	0.707	4.670	0.000
	否	3.264	0.718		
V8	是	3.091	0.793	-0.450	0.653
	否	3.058	0.699		
总量表	是	3.611	0.528	-5.891	0.000
	否	3.318	0.505		

表 4-12　宜人性对大学生思想政治教育接受过程的影响

维度	宜人性	M 值	SD	t	p
V1	是	3.583	0.742	6.109	0.000
	否	3.187	0.679		
V2	是	3.984	0.705	6.395	0.000
	否	3.587	0.671		
V3	是	3.748	0.560	5.057	0.000
	否	3.485	0.638		
V4	是	4.002	0.624	6.557	0.000
	否	3.633	0.645		
V5	是	3.633	0.904	5.355	0.000
	否	3.207	0.858		
V6	是	3.431	0.702	6.719	0.000
	否	3.017	0.653		
V7	是	3.613	0.694	6.233	0.000
	否	3.223	0.717		
V8	是	3.117	0.790	1.786	0.075
	否	2.994	0.719		
总量表	是	3.639	0.518	7.550	0.000
	否	3.292	0.507		

表 4-13　尽责性对大学生思想政治教育接受过程的影响

维度	尽责性	M 值	SD	t	p
V1	是	3.612	0.772	6.384	0.000
	否	3.230	0.627		

续表

维度	尽责性	M 值	SD	t	p
V2	是	3.977	0.722	4.780	0.000
	否	3.698	0.674		
V3	是	3.754	0.604	4.478	0.000
	否	3.538	0.546		
V4	是	3.980	0.634	4.065	0.000
	否	3.764	0.657		
V5	是	3.645	0.934	4.825	0.000
	否	3.288	0.819		
V6	是	3.478	0.724	7.931	0.000
	否	3.031	0.592		
V7	是	3.632	0.727	5.998	0.000
	否	3.284	0.653		
V8	是	3.120	0.809	1.614	0.107
	否	3.017	0.699		
总量表	是	3.650	0.543	6.842	0.000
	否	3.356	0.472		

第一，外倾性在各个维度和量表总分上均存在显著性差异，且外倾性的大学生每个维度及总分的平均值（M 值）均优于内倾性的大学生。第二，情绪稳定性方面，除被动行为（V8）维度外，其他维度和量表总分上均存在显著性差异，且情绪稳定的大学生每个维度及总分的平均值（M 值）均优于情绪不稳定的大学生。第三，在开放性、宜人性、尽责性方面，除被动行为的维度外，其他维度和量表总分上均存在显著性差异，且每个维度及总分的平均值（M 值）均优于与之相反的学生。由此可见，人格特征是影响大学生思想政治教育接受过程的重要因素。

2. 政治面貌对大学生思想政治教育接受过程的影响

对中共党员和非中共党员在 8 个维度和总分上进行独立样本 t 检验，结果发现：是否为中共党员对大学生思想政治教育接受过程的影响并不大，仅仅在意志准备（V5）维度存在显著性影响（$p < 0.05$），如表 4-14 所示，p 值为 0.001。

表 4-14　政治面貌对大学生思想政治教育接受过程的影响

维度	政治面貌	M 值	SD	t	p
V1	是	3.545	0.701	1.654	0.099
	否	3.443	0.767		
V2	是	3.857	0.736	-0.545	0.586
	否	3.890	0.708		
V3	是	3.670	0.599	-0.247	0.805
	否	3.682	0.590		
V4	是	3.902	0.639	0.091	0.927
	否	3.524	0.552		
V5	是	3.682	0.780	3.266	0.001
	否	3.436	0.962		
V6	是	3.354	0.646	0.844	0.399
	否	3.304	0.745		
V7	是	3.358	0.664	1.883	0.060
	否	3.471	0.746		
V8	是	3.115	0.743	0.734	0.463
	否	3.068	0.789		
总量表	是	3.589	0.506	1.451	0.147
	否	3.524	0.552		

（二）教育主体影响因素分析

当下，部分高校思想政治工作者过分关注和强调其主导地位和单方面权威，背离了以人为本的教育原则。这样开展思想政治教育势必难以得到大学生的接受和认可，降低大学生思想政治教育的接受实效。具体体现在以下五个方面。

1. 忽视接受主体的内在需要

需要是人体内部一种不平衡、不满足状态，是一切行动的原动力。在整个思想政治教育接受过程中，接受主体的思想品德状况伴随着社会实践的丰富不断被提升到新的水平，表现出鲜明的发展层次。与此相适应，思想政治教育需要遵循从不平衡、相对平衡到新的不平衡、新的相对平衡的循环往复、螺旋上升的发展过程。现实中，部分高校思想政治工作者开展思想政治教育忽视了大学生自身发展的需要。不关心接受对象的实际问题，不关注接受对象的切身利益，没有将国家利益和个人利益有机结合起来，使部分大学生缺少学习的动力和热情，降低了思想政治教育的接受效果。

2. 否定接受主体的接受预设

大学生在接受思想政治教育之前，并不是一块白板或空的容器，而是具有独特的认知系统。认知系统构成了接受主体的"接受预设"。"接受预设"对大学生思想政治教育接受过程至关重要，因为"新经验要获得意义需要以原来的经验为基础"[1]。伽达默尔进一步指出："理解者的前见、传统观念、历史境遇以及与理解对象的时间距离，并不构成理解的障碍，而是理解的必要条件。"[2] 现实中，部分高校思想政治工作者无视接受主体的"接受预示"的客观存在及作用，将接受主体置于完全消极被动的地位，将接受视为"我授你受""我令你止"的单向灌输，使大学生产生排斥和抵触心理，严重影响思想政治教育的接受实效。

3. 教育主体情感投入缺失

情感是指个人依据一定的思想观念和道德标准去评判自己和行为时所产生的一种体验，具有强化认知、生成品德、促进践行的重要作用。列宁曾说："没有'人的感情'，就从来没有也不可能有人对于真理的追求。"[3] 思想政治教育是一种把外部思想转化为内在素质的实践活动，其中，情感发挥着重要作用。积极的情感，可以增进接受主体对教育内容的认同，提高接受效果，反之亦然。现实中，部分教育主体视教学为谋生手段，情感投入不足，忽视情感、意志等非理性因素的作用。其具体表现为教育强调"以理服人"，缺乏使命情怀，甚至将课堂作为宣泄情绪、调侃国家、抹黑领导的个人宣讲台。在工作方面，职业倦怠、热情不高，缺乏责任感、使命感、成

---

① 温彭年、贾国英：《建构主义理论与教学改革——建构主义学习理论综述》，《教育理论与实践》2002 年第 5 期。

② 洪汉鼎：《理解的真理：解读伽达默尔〈真理与方法〉》，山东人民出版社，2001，第 6 页。

③ 《列宁全集》（第 25 卷），人民出版社，1988，第 117 页。

就感。情感投入的缺失造成教育主体与接受主体缺乏情感共鸣，严重降低了大学生思想政治教育的接受实效。

4. 教育主体个体功力不足

在全民发声、话语共享的新媒体时代，各种观点在虚拟现实空间中切换流转、碰撞交流。如此一来，教育主体不能仅满足于讲授教材，还需要对相关社会现象、理论观点等作出深度评析、经典阐释，形成自己的说理逻辑、话语体系，给学生以启发感悟，全力当好党和人民的喉舌。现实中，部分思想政治工作者理论功底相对薄弱、学科背景比较单一，理论解读缺乏前伸后延，阐析的深度不够，论证的宽度不足，难以提升话语说服力。

5. 施教方法的陈旧与错位

网络信息的共享时代，教育主体"知识搬运工"的角色被网络取代，大学生对"知识传授"的需求降低，而对"解疑释惑""知事明理"的诉求提升，倒逼教育主体进行教法转型。现实中，部分思想政治工作者仍然沿用传统的讲授逻辑，知识讲授有余、讨论启发不足，陷入吉尔茨笔下的"内卷"当中。长此以往，接受主体对教学模式产生反感，进而形成习惯性的抵制情绪，导致教育主体的话语渗透力大打折扣。

诚然，积极应用 VR/AR 技术、云课堂、超星课堂等增强高校思政课堂的互动性和趣味性是一种必然。然而，高校思政课肩负立德树人的责任使命，追求灵魂塑造的终极关怀。教法转型的本质不在于授课形式的简单改变，而是围绕课程使命的创新发展。现实中，部分思想政治工作者本末倒置，重形式、轻内容，有互动、无思考，强调"除权"、忽视"复权"，盲目追求课堂气氛，忽视了理论所透射的话语渗透力。

（三）接受介体影响因素分析

接受介体作为教育主体和接受主体相互联系、相互作用的中介因素，在大学生思想政治教育接受过程中发挥重要作用。接受介体主要包括教育主体作用于接受主体的教育内容和教育方式。现实中，大学生思想政治教育教材内容存在滞后性和重复性，教学内容缺乏现实性和针对性，教育方式照本宣科仍是主流。网络时代的多元化信息、多样化思潮，给大学生思想政治教育接受带来现实阻力。

1. 教育内容聚焦现实问题不足

大学生思想政治教育传授了最基本的理论，但存在与中学政治课重复过多、与社会现实存在背离的问题。调查发现，86.25%的大学生认为教学内容传递了基本理论问题，37.78%的大学生认为教学内容与中学政治课重复太多，25.34%的大学生认为教学内容与社会现实存在背离。教育内容没有根据社会发展的实际及时充实、扩展、更新，以对大学生聚焦的社会热点问题予以分析解答。思想政治教育内容具有滞后性，缺乏时代感，使教育无法深入人心，缺乏吸引力。

2. 多元化信息和思潮杂陈交织

网络的发展催生了一个新的场域空间，置身其中的大学生在体验到网络化生活带来的便捷、多彩的同时也体验到网络化生活带来的思想政治教育信息判断、鉴别、选择的困难。一方面，多元信息杂陈。随着网络的发展，大学生思想政治教育内容被浩如烟海的网络信息资源所淹没，被多元澎湃的价值导向所干扰。这无疑加大了信息管理的难度，对信息控制提出了挑战，给大学生的信息选择带来了困难。大学生正处于思想成熟的关键期，对富含各种价值观念的信息缺乏辨别力和判断力，容易受到不良观念的侵袭和影响。另一方面，多样思潮交织。伴随着改革开放的深入推进，社会各领域深刻变革，社会思潮日益多样并相互激荡。这些社会思潮给大学生以强烈的感官刺激和潜移默化的影响。如果大学生对其缺乏鉴别力和批判力，可能难以抵挡不良思潮对其价值观的侵袭。

3. 教育方式照本宣科仍是主流

在传播媒介迅速发展的信息社会，大学生思想政治教育的传播手段和方式日益多样化。尽管高校思想政治工作者积极探索新的教育方法和形式，如讲授法、谈论法、案例教学法、问题探究法、多媒体教学法、参观考察法等；但教育方式仍然以照本宣科为主，单向灌输、缺乏互动，抑制了大学生主观能动性的发挥，容易使大学生产生抵触情绪，缺乏说服力。

（四）接受环境影响因素分析

环境虽然只是传递—接受活动的背景，但它极大地影响着接受过程。在大学生思想政治教育接受过程中，环境是一个重要变量，发挥着重要作用。调查显示，32.83%的大学生认为思想政治理论课教学中存在的最大问题是社会环境问题。

1. 网络虚拟环境携带的错误导向

网络技术的发展催生了一个新的人类生存空间。网络空间的开放性、虚拟性、全球性、自由性、即时互动性的特点，在给当下大学生思想政治教育带来前所未有的发展机遇的同时也带来了严峻挑战。高校思想政治教育信息被浩如烟海的网络信息所淹没，亦被别有用心的组织或个人所曲解，被多元价值导向所干扰。第一，当前，中国经济社会正处于深度转型阶段，部分社会问题被网络媒体肆意夸大，成为媒体争相报道的焦点。对这些与群众利益息息相关的问题的不实报道，不断冲击着大学生敏感脆弱的神经，严重损害了党和政府的形象，降低了党和政府的公信力，破坏了思想政治教育的接受环境。第二，西方意识形态通过网络大量渗透。西方意识形态的大量渗透破坏了思想政治教育接受环境，给大学生思想政治教育接受带来挑战。第三，网络的即时性加大了信息净化的难度。传统思想政治教育中，教育者能够对外界信息进行有效控制。然而，网络时代信息传递的即时性给信息过滤带来困难，网络上各种腐朽思想、错误言论、垃圾信息泛滥，直接进入大学生的视线，对大学生的思想造成严重侵蚀，影响他们正确价值观念的确立。

2. 市场经济环境产生的负面效应

市场是一把双刃剑。市场的魔力曾在中华大地创造了几十年经济快速增长的奇迹，我们一跃成为世界第二大经济体。然而，伴随等价交换和效率优先的原则从经济领域向其他领域延伸，并逐步确立为各领域的通行规则，财富的获取出现了如财产性收入、政策性受益等多元渠道，也出现了不法路径。不良现象屡禁不绝，在网络的助推下不断触动现代人敏感脆弱的神经。诸如此类的市场负效应，影响了大学生思想政治教育的接受效果。

3. 多元文化环境导致的选择困难

伴随着改革开放的深入推进，社会各领域的深刻变革，社会各种文化日益多样并相互激荡。中国文化发展呈现出异常复杂的图景，形成了东方文化与西方文化并存、主流文化和非主流文化共涌、传统文化与现代文化同现等多元文化格局。多元文化在增强民族文化生命力，促进世界文化繁荣，消除文化霸权方面起着积极作用。对大学生而言，"多元文化在鼓励大学生多元发展的同时，又容易使思想政治教育陷入一种松散或多元的状态，不利于集中统一和实施思想政治教育，给大学生思想政治教育的选择带来困难"①。

---

① 王学风：《论多元文化环境下高校思想政治教育的改革》，《科学社会主义》2006 年第 2 期。

第五章

新时代大学生思想政治教育
接受过程的优化策略

"任何理论都是灰色的，唯有事业才常青。"[①] 大学生思想政治教育接受过程研究的目的，不是从理论上回答大学生思想政治教育的接受过程，而是在实践中提高大学生思想政治教育的实效性。本章作为从理论性研究向操作性研究的延伸，必然存在一些问题只能作为理论层面的设计研究而缺少实际操作的可能。研究过程中我们力求规避泛泛而论，始终追问对策的可行性，确保大学生思想政治教育接受过程的优化效果。具体而言，从要素优化和阶段优化两个层面展开：一方面突出大学生思想政治教育接受过程的关键要点，另一方面体现大学生思想政治教育接受过程的动态特性。

一　新时代大学生思想政治教育
接受过程优化的基本原则

"原则不是研究的出发点，而是它的最终结果；不是自然界和人类去适应原则，而是原则只有在符合自然界和历史的情况下才是正确的。"[②] 增强大学生思想政治教育的接受实效，是社会发展实践向思想政治教育提出的重大现实问题，必须从基本原则出发把握优化策略。

---

① 《马克思恩格斯全集》（第三十卷），人民出版社，1975，第 281 页。
② 《马克思恩格斯选集》（第三卷），人民出版社，1995，第 374 页。

（一）政治引导与思想引领相统一

习近平新时代中国特色社会主义思想是马克思主义中国化的最新成果，也是新时代思想政治教育不断创新发展的根本指导。在大学生思想政治教育接受活动中，教育主体要始终以马克思主义中国化最新成果为指导，不断提升大学生思想政治教育水平。

政治引导是思想政治教育的基本功能。面对新挑战、新情况，大学生思想政治教育要取得新的进步和发展，必须把中国特色社会主义理论体系的根本立场、基本观点和科学方法贯穿思想政治教育全过程，只有这样才能适应其自身发展变化的内在规律，使思想政治教育实践始终与时代发展同步伐、与使命任务要求相适应、与大学生思想实际相符合，推动大学生思想政治教育的创新发展。

思想引领是思想政治教育的应有之义。强调思想政治教育的政治引导功能，并不是将思想政治教育视为政治宣传的手段，而是要以透彻的学理分析回应学生，以彻底的思想理论说服学生，用真理的强大力量引导学生。马克思说："理论只要彻底，就能说服人 [ad hominem]。"① 马克思主义理论就是彻底的理论。教育主体所讲的理论、观点、结论要经得起学生各种追问，这样效果才能好。因此，新时代思想政治教育接受过程的优化，要紧贴大学生思想实际。

一方面，遵循大学生成长发展规律。紧贴大学生实际开展思想政治教育，应当把掌握和遵循大学生成长发展规律作为基本着眼点，这是增强思想政治教育科学性的内在要求。另一方面，思想政治教育要始终与大学生实际相符合。思想政治教育说到底是做人的工作，要坚持以人为本的理念。大学生思想政治教育要把大学生的思想特点和合理诉求作为重要依据。为此，教育主体要深入大学生，主动了解其学习困惑、情感问题、家庭状况等，充分听取他们的意见、建议和呼声，有针对性地开展思想政治教育。

---

① 《马克思恩格斯文集》（第 1 卷），人民出版社，2009，第 11 页。

（二）要素优化与结构优化相统一

思想政治教育接受过程是以一定的组织结构方式来运行的。构成这一结构的各个要素，如接受主体、接受客体、接受中介、教育主体等，都在接受过程中发挥着其特殊的要素作用。正是这些要素在不同的方面发挥作用，整个复杂的接受活动才能完成。思想政治教育接受过程的结构和各要素的关系，是整体和个别的关系。每个要素发挥作用，才能实现整体作用的发挥。其中一个要素出现问题，则可能会影响到整个思想政治教育接受过程的效果。而每一个要素起作用，也离不开整个接受过程。整个接受过程保持良好状态，给每个接受要素作用的发挥提供了环境和条件。这就好比一台运转的机器，每个零部件正常运转，才能保障整个机器正常运转。而每个零件作用的发挥，又依赖于整个机器的良性运行，否则其存在也没有意义。因此，优化思想政治教育接受过程，必须坚持其构成要素的优化和其整体结构优化相统一。

要素优化和结构优化相统一，就要求我们在力争整个思想政治教育接受过程最优化时，一方面，整体考虑接受过程中的各个要素以什么方式组成一个和谐有序联动的结构，将其放置于科学合理的位置，和其他要素处于相辅相成、和谐统一的关系之中，既不夸大其功能，又不影响其作用的发挥。另一方面，尊重每一构成要素的地位，使其自身发挥最大潜力，在整个接受过程中发挥积极作用。例如，对待接受过程中的接受中介，我们既要看到其发挥的载体、方式方法的作用，又要看到接受中介的使用和功能的发挥是和接受主体、教育主体息息相关的，不能千篇一律地看待接受中介的作用。

（三）途径多样与目标一致相统一

思想政治教育接受过程的优化没有固定的模式。这是因为思想政治教育接受本身具有复杂的特性。思想政治教育接受主体是人，是具有主体性的接受个体。其主体性表现在方方面面，又千差万别，可谓千人千面。接受过程的运行也因此呈现出不尽相同的特色，有的接受主体比较注重教育主体的人格魅力，有的接受主体比较注重接受客体的逻辑理性，有的接受主体比较注重接受中介的形式多样。有的接受主体定向期待惯性较大，影响着接受新事物的发生，但这种接受主体一旦接受思想政治教育新内容后，形成新的定向期待则又比较牢固，不容易遗忘思想政治教育内容。信息社会的来临，人们获得信息的途径增多。因此，思想政治教育接受过程的优化必然表现出形式多样的特征，单一的接受途径也不可能实现接受过程的优化。

途径的多样化并不意味着接受目标的多样化。思想政治教育作为一种代表国家和社会思想道德要求的教育实践，担负着培养什么人、如何培养人的历史责任，其方向必须明确。这也是任何一个国家和社会所重视和强调的。目前，我们的思想政治教育目标就是立德树人，这一总目标不会变。任何形式和途径的思想政治教育都在这一总目标的指导下进行。偏离和改变这一目标，都会导致接受过程目标的混乱，思想政治教育就会失去正确的方向，从而导致思想政治教育无效。因此，思想政治教育接受过程的优化，必须保持总目标的一致性，同时又要允许实现途径的多样性。这样，实现思想政治教育的优化才有可能。

二　新时代大学生思想政治教育接受过程的内部要素优化

思想政治教育接受过程要素质量的高低直接影响大学生思想政治教育接受的实效。其中，接受主体是内部要素，教育主体、接受介体、接受环体是外部因素。从内部要素讲，要培养接受主体自我教育的意识，提高接受主体的认知能力，加强接受主体的情感调节，锻炼接受主体的意志品质。

（一）培养接受主体自我教育的意识

自我教育的源头从自我意识的萌芽开始。"自我"之谜被哲学家、心理学家和人类学家以各种比喻的方式解开，为自我教育的开展奠定基础。从古至今，国内外学者自我教育的理论派别林立，归纳起来主要有存在主义自我教育、人本主义自我教育和现代合理性自我教育三类。我国对自我教育的探索可以追溯到中国的儒家文化。其中，叶圣陶提出，"教育的目的是不教育"[①]。不教育不是放弃教育而是通过自我教育达到非被动教育的状态。周辋玉提出"自我教育是现代人的重要标志"[②]的著名论断。朱智贤把自我教育定义为"个人主动地提出道德修养目标，并以实际行动努力完善或培养自己的人格品质的过程"[③]。

自我教育在大学生思想政治教育接受过程中具有重要地位和价值。大学生思想政治教育作为一种外部驱动力，其作用的发挥需要通过大学生自身才能顺利进行。大学生与思想政治教育内容发生作用的过程实质是接受主体能动选择、主体建构、外化践行的过程。从这层意义上讲，大学生接受思想政治教育的过程实质是自我教育的过程。由此可见，自我教育属于主动性教育，是大学生接受思想政治教育的最高境界。培养大学生自我教育的意识，要注意尊重和激发大学生的主体性，为大学生创造自我教育条件。第一，树立正确的自我意识。正确的自我意识是大学生进行自我教育的前提，能够给大学生以准确的自我定位，据此科学确定自我教育的内容、方向。大学生可以深入分析生理自我、心理自我、社会自我，对自我优势和劣势进行逐条列项，也可以通过他人对自己的评价加深对自我的认识，树立正确的自我意识。第二，激发自我教育的动力。正确的自我意识仅是自我教育的前提，还需要不断激发大学生自我教育的动力。一是志存高远。引导大学生树立远大的理想和志向，培养高度的责任感和使命感，

---

① 叶圣陶：《叶圣陶语文教育论集》，教育科学出版社，1980，第52页。
② 周辋玉主编《自我教育论》，华文出版社，2010，第3页。
③ 朱智贤主编《心理学大词典》，北京师范大学出版社，1989，第1146页。

以激发大学生自我教育的动力，促使大学生主动学习马克思主义。二是见贤思齐。通过树立看得见、摸得着、学得来的先进典型，给大学生以衡量的尺度，促使他们反省向善。第三，开展参与性教学。参与性教学尊重个体自主性，强调学生的主动参与，有助于培养个体自我教育的意识。教育主体可以通过"大学生上讲台""授课留白""大学生道德知识竞赛"等方式，培养大学生自我探索的意识、自我学习的能力，增强自我教育的自觉性和主动性。

（二）提高接受主体的认知能力

认知是接受的前提，没有对思想政治教育内容的认知，就无所谓思想政治教育内容的接受。提高大学生思想政治教育的接受实效，很重要的一点就是要提高大学生对思想政治教育的认知能力。认知能力的提高是一个复杂过程，它受大学生思维方式、知识储备、道德观念等因素的影响，对此，结合大学生的特点，可以通过以下方式提高。第一，重视大学生多学科知识的储备。渊博的知识储备，为大学生多角度、全方位地理解思想政治教育内容提供了可能。没有对思想政治教育内容的认知，就谈不上对思想政治教育内容的认同，更谈不上对思想政治教育内容的接受。因此，要多渠道全面提高大学生的知识储备。通过推荐经典书目，确保阅读的方向性，提高阅读实效；通过开设读书交流会，提高阅读的趣味性，激发阅读热情；通过开设思想交流会，拓宽思维视野，提高认知能力。第二，重视大学生理论素养的提升。大学生思想政治教育认知能力以一定的理论素养为基础，而理论素养不是与生俱来的，它是大学生不断学习、理解、领会思想政治教育内容的结果。为此，一方面，大学生要始终坚持马克思主义在意识形态领域的指导地位，确保正确导向。意识形态事关方向。毛泽东曾指出："凡是要推翻一个政权，总要先造成舆论，总要先搞意识形态方面的工作。"[①] 大学生在事关方向的问题上，

[①] 《毛泽东年谱（一九四九——一九七六）》（第5卷），中央文献出版社，2013，第153页。

要时刻保持警醒，胸怀大局，坚持马克思主义在意识形态领域的指导地位。另一方面，大学生要深入学习党的最新理论成果，夯实理论基础。党的最新理论成果是实践经验的总结，具有鲜明的实践特色和时代气息。大学生要不断学习，深刻领会，以指导学习和实践。第三，重视大学生科学思维方式的训练。授人以鱼不如授人以渔，科学的思维方式为增进对思想政治教育的认知提供方法论指导。大学生科学思维方式的训练可以通过"与不合理信念辩论""重新归因"等方式，改变部分大学生存在的"以偏概全""绝对化""糟糕至极"的思维方式，建立科学合理的思维方式。

（三）加强接受主体的情感调节

古语云：通情达理，情通则理达。在大学生思想政治教育接受过程中，稳定的情绪和积极的情感是思想政治教育接受的重要条件。正如弗朗西斯·培根所言："人类理解力不是干燥的光，而是受到意志和各种情绪的灌浸的；由此就出来了一些可以称为如人所愿的科学。大凡人对于他所愿其为真的东西，就比较容易去相信他。"[1] 因此，要重视大学生不良情绪的调节和道德情感的培养。

重视大学生情绪的调节。人在不良情绪状态下容易产生绝对化、片面化，甚至是错误的认知，影响正常的工作、学习、生活。因此，要引导大学生正确认识自己的情绪，学会管理自己的情绪，从而为思想政治教育接受奠定良好的情绪基础。关于情绪调节的方法有很多，本书在研究中引入了团体辅导的形式，针对情绪的识别开展"火眼金睛""语气替换"等团体活动，让大学生学会利用除表情以外的情绪线索认识情绪，提高自己的情绪智力。针对情绪的调节开展"克服恐惧""放松训练""自我暗示"等团体活动，让大学生学会调节情绪的方法。

---

① 周文彰：《狡黠的心灵：主体认识图式概论》，南方出版社，2009，第37页。

情绪调节的实操举例

活动名称：想象性放松。

活动目标：体验身体的放松对心理产生的影响，学会释放紧张的情绪，掌握情绪自我调节的方法。

活动场所：以室内为宜。

活动人数：30人。

活动时间：20~30分钟。

活动过程：

第一步，让全体体验肢体紧张的感觉。体验的顺序依次为手臂、头部、躯干、腿部。一是手臂的紧张。伸出右手，紧握拳头，紧张右前臂；伸出左手，紧握拳头，紧张左前臂；双臂伸直，两手同时紧握拳头，紧张手和臂部。二是头部的紧张。皱起前额肌肉，皱起眉头；皱起脸颊，可咬紧牙关，鼓起两腮。三是躯干部的紧张。耸起双肩，紧张肩部肌肉；挺起胸部，紧张胸部肌肉；弓起背部，紧张背部肌肉；屏住呼吸，紧张腹部肌肉。四是腿部的紧张。伸出右腿，右腿向前用力像在蹬一堵墙，紧张右腿；伸出左腿，左腿向前用力像在蹬一堵墙，紧张左腿。

第二步，让全体进行想象性放松。播放轻柔的音乐，根据主持人的指导语让大学生进行想象性放松。

主持人的指导语：

现在我们开始我们的放松，请将眼睛闭起来，眼睛一闭起来，你就开始放松了。注意你的感觉，让你的心灵像扫描仪一样，从头到脚扫描一遍，你的心灵扫描到哪里，哪里就放松下来。现在开始，你发现你的内心变得很平静，好像你已经进入了另一个奇妙的世界，远离了世俗，你只会听到我的声音，其他外界的杂音都不会干扰到你，甚至如果你听到突然传来的噪声，你不但不会被干扰，反而会进入更深、更舒服的催眠状态。

现在，注意你的呼吸，你要很深很深地呼吸，有规律地呼吸，慢慢地把空气吸进来，再慢慢地把空气吐出去。深呼吸的时候，想象你把空气中的氧气吸进来，氧气从鼻子进入你的身体，流进你的鼻腔、喉咙，然后进入你的肺部，再渗透到你的血液里，这些美妙的氧气经过血液循环，输送到你全身每一个部位，每一个细胞。吐气的时候，想象你把身体中的二氧化碳吐出去，也把所有的疲劳、烦恼送出去，让所有的不愉快、不舒服都离你远去。每一次的深呼吸，都会让你进入更深沉、更放松、更舒服的状态。从现在起，继续深呼吸，你一边深呼吸，一边聆听我的引导，你什么都不必想，也什么都不想想了，只要跟着我的引导，很快你就会进入非常深、非常舒服的催眠状态。

现在，请把注意转移到头部，你会感到头部有一种麻麻的、酥酥的感觉，没关系，这说明你已经开始放松了。这种放松的感觉从头部流到你的额头、你的眉毛，让平日里因烦心事皱起的眉毛慢慢地舒展开来，眉毛的放松带动了眼睛的放松。下面我将从1数到5，每数一个数字你的眼睛会越来越放松，当我数到5时候，你的眼睛就像粘了双面胶一样，你试图打开却发现怎么也打不开。"1"，你的眼睛渐渐进入了一个放松的状态。"2"，这种放松的感觉越来越强烈，伴随着这种放松的感觉，你会感觉你的眼睛有点涩涩的。"3"，眼部放松的感觉越来越强烈，你会觉得上下眼皮像灌了铅一样，非常的沉重。"4"，你的眼睛越来越放松甚至你都不想睁开你的眼睛了。"5"，这时候你的眼睛仿佛被双面胶粘住一样，怎么打也打不开。不用担心，你的眼睛已经进入了完全放松的状态，让我们继续保持这种放松的感觉，眼部的放松带动了鼻子的放松，鼻子的放松带动了脸颊的放松，你会感觉脸颊的肌肉慢慢地舒展开来，很放松，很舒服，脸颊的放松带动了整个嘴部的放松，这时候，微微张开你的嘴唇你会感到非常的舒服，此时，你的整个头部已经完全放松下来，静静地享受这种放松的感觉。放松的感觉依然在继续，从你的头部来到颈部，让平日支撑整个头部的颈部慢慢地放松下来，让它好好地休息一下。请继续跟着这种放松的感觉，你会感觉到你的整个肩部慢慢舒展开来，完全进入了放松的状态。肩部的放松带动了整个大臂、手肘、小臂、手腕、手掌、手指、指尖的放松，然后，放松的感觉又从指尖、手指、手掌、手腕、小臂、手肘、大臂回到肩膀，然后流到你的前胸和后背。这时你会感到前胸和后背有一股暖暖的气流在涌动，这种感觉很舒服，很放松。放松的感觉依然在继续，从前胸后背流到你的腰部，让平日支撑整个上半身的腰部渐渐地放松下来。腰部的放松带动了整个腹部和臀部的放松，放松依然在继续，从臀部流到你的大腿、膝盖、小腿、脚踝、脚掌、脚趾，至此，你的整个身体都已经进入了放松的状态。下面请安静地享受这种放松的状态，花上一分钟感受这种舒服的状态，一分钟之后，我会把大家叫醒。好，下面，我将数三声，当我数到"1"时，大家尝试着告别这种放松，当我数到"2"时，大家可以试着动一下自己的手指、脚趾乃至全身，当我数到"3"时，大家尝试着把眼睛睁开，回到现实生活中来。

活动观察：通过观察姿态及面部表情了解大学生的放松程度；大学生能够随指导语进入放松意境。

讨论分享：在整个过程中是否保持缓慢而均匀的呼吸？放松过程能否体验到一股暖流在身体内运动？放松前的紧张动作有什么作用？是否每个人都达到了放松的状态？如果有人没有达到放松的状态，该如何做？

培养大学生良好的情感。情感包括道德感、理智感和美感三种基本类型。"道德感指人的思想、意图、言行举止是否符合人的道德需要和社会道德标准而产生的情感体验。理智感是人在对客观事物的认识过程中和智力活动过程中所产生的情感体验。美感指对客观现实中的对象和现象是否能满足自己的审美需要而产生的情感体验。"[①] 由此可见，情感包含着人类所独有的社会意义。因此，培养良好的情感对于大学生知荣辱、明是非，辨善恶、识美丑，厚植爱国主义和集体主义情怀，激发大学生对真理的追求和探索具

---

① 总政治部宣传部组编《军人心理学》，国防大学出版社，2003，第36页。

有重要的意义和价值。培养大学生良好的情感可以采取以下途径。一是学习道德规范。"在道德规范里，积累了各代人的道德经验，他们是文化财富，因而成为间接地认识人类关系世界的渠道。"① 要让大学生学习基本的道德规范，在此基础上根据道德接受的阶段性和层次性，逐步提高对大学生的道德要求。二是鉴赏艺术作品。优秀的作品鼓舞人，借助音乐、美术、文学、戏剧、电影等陶冶情操，引发大学生的情感共鸣，丰富道德实践的间接体验。三是体验社会实践。思想政治理论课教学应该走进社会，通过开展一系列社会实践活动，如暑期锻炼、社区服务、志愿活动、社会调查等，拓展大学生的学习空间，丰富他们的情感体验，培养他们的社会责任感。

（四）锻炼接受主体的意志品质

意志是人自觉地确定目的并支配行动去克服困难，以实现预定目的的心理过程。意志品质主要表现在自觉性、果断性、坚韧性和自制力四个方面。"主观要见之于客观，观念要转变为现实，就必须付诸行动。如果说认识过程是外部刺激向内部意识的转化，那么意志就是内部意识向外部动作的转化，认识世界的目的最终在于改造世界。"② 由此可见，大学生接受思想政治教育需要具备良好的意志品质，以确保思想政治教育的认知能够顺利转化为行为，实现知与行的统一。锻炼意志品质具体可以通过以下方式进行。第一，大学生意志自觉性的训练。自觉性指有明确的行动目的，并能使自己的一切行动主动服从于目的要求的一种品质。大学生可以通过心理训练的方式锻炼意志自觉性。首先要学会心理放松，为锻炼意志自觉性提供身心条件。在全身放松的基础上，合目沉思，考虑动机的正确性，当出现动机冲突时，开展动机斗争，使正确的教育性动机取胜。动机确定之后再对行动目的和方法进行审查。需要注意的是，锻炼意志自觉性不宜在情绪不佳时进行，以免产生负性心理效应。动机、目的和方法的训练可以分开进行，每次训练时间

---

① 科诺瓦洛娃：《道德与认识》，杨远、石毓彬译，中国社会科学出版社，1983，第 33 页。
② 总政治部宣传组编《军人心理学》，国防大学出版社，2003，第 39 页。

不宜超过 20 分钟。第二，大学生意志果断性的训练。果断性指迅速作出决定并毫不犹豫地执行决定的一种品质。果断性在一定程度上决定目标的达成度，是大学生成长成才需要具备的良好品质之一。如果大学生经常出现畏首畏尾、优柔寡断、犹豫不决的情形，就要注重意志果断性的训练，可以从购物、交友、表达等方面开始，培养果断性的意志品质。第三，大学生意志坚韧性训练。坚韧性是一种积极的人格特质，用以在高度生活应激（压力）下保护个体免受伤害。大量研究表明，坚韧性可以降低个体对应激的感受和躯体反应，增强自信。可以通过开展挫折教育、进行应激训练、组织团体心理辅导等方式，助力大学生塑造坚韧性品格。第四，大学生意志自制力的训练。自制力指控制自己的情绪，约束自己的言行，去实现预定目的的一种品质。大学生要严格要求自己，制订有规律的生活计划，并坚持经常进行自我检查、自我评价、自我反思，并通过奖惩进行行为强化，训练自己的自制力。

三　新时代大学生思想政治教育接受过程的外部要素优化

外部因素在大学生思想政治教育接受过程中发挥重要作用，主要包括教育主体、接受介体、接受环体三个方面。

（一）教育主体的优化

中国特色社会主义新时代是我国发展新的历史方位。新时代教育主体的培养和成长必须立足于这一新的历史方位，适应新时代发展要求，满足教育对象成长成才的需要和期待。在大学生思想政治教育接受过程中，虽然以"大学生"为考察对象，但教育主体的作用绝对不能被忽视，任何忽视都将是对思想政治教育的严重损害。正如杜威所言："认为自由的原则使学生具有特权，而教师被划在圈外，必须放弃他所有的领导权力，这不过是一种愚蠢的念头。"① 在大学生思想政治教育接受过程的各个阶段，教育主体必须发挥主导作用。教育主体要以其良好的"表美"和"道美"承担传道、授业、解惑的职责和使命。其中，"表美"指外在美，主要指教育主体的外在形象和言谈举止。"道美"指内在美，主要指教育主体高尚的人格魅力、精湛的业务能力、和谐的师生关系、丰富的实操经验四个方面。教育主体的"表美"和"道美"除要具备一般职业素养之外，还因教育目标、教育对象、教育要求的特殊性而具有特殊的要求。

1. 表美

"表美"是指教育主体的仪表美，包括教育主体的服饰、举止、姿态等外部表现。仪表是一种无言的教育手段，具有特殊的教育意义。古人言：上有好者，下必有甚焉者矣。上贪则下赃，上廉则下洁，上行则下效。孔子在解释"克己复礼为仁"时就明确地说过："非礼勿视，非礼勿听，非礼勿言，非礼勿动。"礼是外在的行为规范，仁者的视、听、言、动都表现为对礼的法度的遵守。故这句格言不仅成为中国传统文化中修养心性的真言，还成为中国传统教育中师表建设的基本要求。

仪表之美。仪表包括衣着、发型、配饰等，是教育主体展现在学生面前的外部形态。高校思想政治工作者的职业特点决定其仪态要整洁、朴素、大方、协调、得体。穿戴、发型、服饰都要自然得体、整洁美观，在考虑年龄、身材、肤色、性格、气质等个性基础上，追求朴素之美和自然之美。此外，教育主体的着装风格会直接影响学生的审美观点。学生可以从其身上学会分辨服饰的雅俗，提高审美能力，从而树立正确的审美观。总之，教育主体的仪表之美有益于塑造自身的美好形象，增强学生对自己的崇敬之情，有助于培养学生良好的生活作风。

举止之美。举止包括坐、立、行的姿势，以及表情、动作、行为习惯等，它是教师与学生交往中的"人体信号"。高校思想政治工作者的职业特

---

① 〔美〕杜威：《我们怎样思维·经验与教育》，姜文闵译，人民教育出版社，1991，第228页。

点决定其要表现出良好的教养和振奋的神态，发挥出最佳的辅助作用。其举止美主要表现为，站态要端庄大方，自然舒适，保持上体自然挺直，四肢摆放要规矩端正，双腿自然并拢平放。行走时要保持稳健、平衡、和谐一致的美感。在课堂上，举止大方、不卑不亢，手势要自然舒展，既不拘谨呆板，也不轻浮做作。形态节奏要与教学内容、教学气氛相和谐。在与学生接触的过程中，应举止稳重、姿态端庄、语言文明，喜怒哀乐掌握分寸，既温和而又严肃，既威仪而又安详。

语言之美。语言是表达思想、传播知识、塑造学生心灵的最基本工具。高校思想政治工作者要善于运用语言的魅力激发学生的求知欲，拨动学生上进的心弦，把知识、真理和美好的情感送进学生的心田。此外，要做到言之有理、言之有据，语言精练，发音准确，遣词规范，突出优美、生动、形象、鲜明的特点。

2. 道美

"道美"指教育主体的精神美。"道美"是"表美"的灵魂，构成教育主体的基本要素。教育主体要重视教育对象接受机理的研究和思想动态的追踪，明确接受逻辑和施教策略，增强针对性；重视教学内容理论体系的研究和学术争鸣，理顺教材逻辑和理论前沿，增强说服力；重视话语权力生成规律的研究和教学艺术的探索，遵循话语逻辑和言说艺术，增强感染力。

培养创新思维。树立互联网思维是重塑教育主体话语权的前提。一方面，树立用户思维。新媒体时代，用户习惯与产品形式的关联捆绑成为制胜法门，传统"内容"单一经营模式必须向"内容+用户"双重经营模式转变。如此，教育主体必须树立用户思维，重视授受关系，转变高高在上、强调灌输的旧姿态，以俯下身子、注重对话的新姿态更好地走进学生、理解学生、引领学生，打破话语隔膜，让高校思想政治工作者真正成为大学生的知心朋友和人生导师。另一方面，树立产品思维。新媒体时代，信息资源由"稀缺"向"过剩"，由"卖方市场"向"买方市场"转变，但好的内容永远是"硬通货"。借鉴科特勒的产品五层次理论，教育主体在内容设计上要突出核心价值、创意驱动、感官体验。综合运用动漫等形式开展教育教学,突出互动性,重视体验性,增强吸引力。

强化自我修养。教育是"一棵树摇动另一棵树,一片云推动另一片云,一个灵魂撞击另一个灵魂"①。思想政治教育作为一种品格塑造活动,除了依靠教育手段之外,更为重要的是靠人格去感染。有时候一个人讲授什么并不重要,重要的是他是一个什么样的人。大学生在一定程度上会根据其心目中教育主体的人格魅力来判断思想政治教育内容的真伪。正如亚里士多德所言:"由言辞而来的说服论证有三种形式,第一种就是演讲者的品格,依靠演说者品格的演说能使听者觉得可信。因为在所有事情上我们更多愿意信赖好人,在那些不精确和有疑义的地方也毫无保留地相信。"② 高校思想政治工作者对大学生的影响实质是一种暗示,即以间接、含蓄的方式对大学生发出信息,从而对大学生的心理和行为产生影响。同样的思想政治教育内容,因教育主体的不同,教育效果就会不同。因此,高校思想政治工作者要重视人格品质的塑造,通过自我反思、自我批评、自我修养的方式提升自我、完善自我。

加强理论学习。新媒体时代,受众对理论阐析、观点论证、逻辑推演有更高的期待。高校思想政治理论课教材通俗易懂,具有较大的解读张力,对世界观、人生观、价值观,法理与人情、科技与伦理、公平与正义,中国道路、中国精神、中国力量等问题的讲授,不能蜻蜓点水、浅尝辄止,需要进行有深度、有见地的科学解读,这关系到教育主体话语的解释力。高校思想政治工作者只有系统掌握、透彻理解马克思主义经典作家的相关著作、马克思主义中国化的经典文献以及马克思主义中国化的最新成果,才能立论原点,夯实功底,提升功力。

提升业务能力。高校思想政治工作者能否对思想政治教育内容切实理解和深刻把握,能否将自身诠释的思想政治教育内容按照一定的授课逻辑给大

---

① 彭未明:《交往德育论》,山西教育出版社,2005,第3页。
② 亚里士多德著,苗力田主编《亚里士多德全集》(第9卷),中国人民大学出版社,1994,第338页。

学生讲清、讲明、讲透，直接关系到大学生对思想政治教育内容的理解和认同。

一方面，要有渊博的专业素养。俗话说，"要想给别人一杯水，自己就应有一桶水""打铁还需本身硬"。面对思维活跃的大学生，思想政治工作者除了要精通本专业的知识外，还必须学习一些相关学科的知识，如心理学、管理学、经济学、法学、社会学等，力求使自己有一个比较合理的知识结构。只有如此，才能更好地开展思想政治教育。学习的途径可以采取以自学为主、以培训为辅的形式，边干边学，既自主灵活又学以致用。另一方面，要有高超的教学能力。高校思想政治工作者在授课过程中能否将复杂问题简单化、将深刻的道理通俗化，关系到大学生对思想政治教育内容的理解，关系到教育主体自我良好形象的塑造。为此，高校思想政治工作者可以通过观摩名师专家授课、参加教学基本功大赛等方式不断提高教学能力，提升自我形象。

构建师生关系。大学生思想政治教育要取得好的接受效果需要教育主体与接受主体建立和谐的师生关系。和谐的师生关系是高校思想政治工作者认识、了解大学生，进而有的放矢地开展思想政治教育的前提条件。建立和谐的师生关系需要注意以下几点。一是尊重。高校思想政治工作者在开展思想政治教育的过程中要充分尊重大学生的理解力和判断力，坚持以人为本。引导而非强迫，激励而非压抑，启发而非灌输。二是平等交往。高校思想政治工作者在思想政治教育过程中具有绝对的权威性，难以调动大学生的积极性和主动性。因此，要改变高校思想政治工作者与大学生之间那种主体对客体的改造关系，构建民主平等的主体间交往关系。既要尊重思想政治工作者的主体地位，发挥其主导作用，又要尊重大学生的主体地位，发挥其主体性，营造良好的教育氛围。三是积极融入。高校思想政治工作者要深度融入学生，及时掌握其思想动态，为开展有针对性的教育活动提供依据。

（二）接受介体的优化

大学生思想政治教育接受介体指教育主体在开展思想政治教育过程中所运用的内容、方式、手段，是教育主体和接受主体发生作用的中介。接受介体主要包括思想政治教育内容和方法。

1. 精心设计大学生思想政治教育内容

教育内容作为接受活动的直接对象和目标，与接受主体的实际思想水平形成对照和反差，构成思想政治教育接受过程的基本矛盾。开展思想政治教育的目的就是要解决这个矛盾，就是要帮助接受主体缩小个人认识与教育目标之间的差距。高校思想政治教育经过几十年的发展完善，基本上形成了比较成熟的教育内容体系，主要包括马克思主义理论教育、理想信念教育、优良传统教育、路线方针政策教育、道德法治教育、心理健康教育等方面。[①]从宏观上讲，这些内容体系与现阶段大学生思想政治教育是适应的。但在国内外形势急剧变化，各种新情况、新问题不断出现的情况下，大学生思想政治教育内容必须与时俱进。高校思想政治教育在以教材为纲设置教学内容的基础上，要根据时代的发展变化不断实现教材内容、现实问题向教学内容的转化。结合新时代高校思想政治教育面临的突出问题，大学生思想政治教育要重点抓好以下三个方面的内容。

优化话语内容。新时代，大学生的自主意识、个体价值充分彰显，传统"权威—服从"的主客二分模式被教师与学生的双主体对话模式所取代。高校思想政治教育话语内容的优化需要观照社会价值、科学理性、个体价值三重维度。一方面，政治话语的学术化加工，用学术讲政治，提升说服力。政治话语背后有严谨的科学理性和严密的逻辑推演，高校思想政治工作者需要基于历史与现实，对政治话语进行环环相扣、层层深入的学理化追问，实现政治话语向学术话语的转变，满足学生的求真诉求。另一方面，文本话语的生活化转化，用故事讲道理，提升吸引力。文本话语流离生活、单调枯燥、缺乏生气，高校思想政治工作者需要积极触网入微，主动联通文本话语与学生生活世界，增强代入感，实现文本话语向生活话语的转化。

创新话语表达。高校思想政治工作者无法控制学生"怎么想"，但可以

---

① 赛宗宝：《面向新世纪军队政治教育改革与发展问题研究》，博士学位论文，国防大学，2000。

通过议程设置引导学生"想什么",变话语权为引导权。通过引导话题思考、激发表达欲望,实现学生观点争鸣、教师总结提升的目的,增强教育针对性。一是突出亲和力。话语的亲和力能够拉近师生心理距离。高校思想政治工作者要学会"放风筝"而不是"放气球"。通过主动走网上学生路线,真正了解学生的心理动机和现实诉求,巧借流行语境,用学生易于接受的话语体系和表达习惯进行主流价值观的宣传教育,以实现思政课堂对社会价值和个体价值的双重观照,提升亲和力与实效性。二是增强艺术性。话语的艺术性能够引发师生心灵共鸣。高校思想政治工作者要重视文字图片等无声语言的逻辑严谨性、美感艺术性;重视有声语言的抑扬顿挫、轻重缓急、语气语速语调,合理运用面部表情、肢体动作等,增强表达艺术性,打造情感共鸣处。三是提升策略性。移动新媒体时代,话语权的争夺变得异常激烈,高校思想政治工作者单靠话语轰炸、理论说教往往适得其反、事倍功半,转变话语模式是必然选择。高校思想政治工作者在理论阐析、观点论证过程中要注重运用两面说策略,使学生在遇到对立观点时具有较强抵抗力,达到类似"接种效果"或"免疫效果"。

重视网络发声。移动新媒体时代,各种思想观念和社会思潮在网络空间生成流转,忽视网络发声实质是话语权的主动出让。一方面,提升媒介素养。媒介素养体现为网络舆情的跟踪研判、受众思想的动态分析、公共话题的设置引领等。高校思想政治工作者要积极创设"行走的课堂",加强思想政治教育网络传播平台建设,积极回应学生关切,壮大网络话语阵地。另一方面,树立斗争意识。新媒体时代,网络意识形态斗争日趋隐蔽、复杂、激烈,面对突发事件、网络谣言、反动言论,高校思想政治工作者要树立斗争意识,坚持公开透明,主动出击、抓住本质、解疑释惑,迅速占领舆论制高点,有效引导网络话语走向。

2. 科学创设思想政治教育方法

教育方法是实施教育过程的"桥梁"和"舟楫",是在反复实践、科学总结的基础上前进和飞跃的认识"定格"。好的教育方法能够给整个教育过程带来源源不断的活力,保证教育意图得以最大限度实现。新时代出现了许多新情况、新问题。社会主义市场经济条件下大学生利益观念和主体意识的增强，网络的发展给大学生带来了海量的信息和多样的选择等。这一系列新情况、新问题对传统思想政治教育方法提出了严峻挑战。高校思想政治工作者必须遵循大学生的身心发展规律，开辟教育新途径，创设教育新方法，确保大学生思想政治教育实效。

分类引导，遵循规律性。开展大学生思想政治教育首要的前提就是探索大学生的接受规律。大学生在心理发展层次上具有一定的共性，这为开展规模化的思想政治教育提供了可能。同时，大学生在学习、生活、工作、成长等方面主要以集体形式出现，会体现一定的性别特征，具体到单个大学生还会体现一定的个体差异性。因此，高校思想政治工作者要切实遵循大学生的接受规律开展思想政治教育。第一，因时制宜。因时制宜是指根据大学生在校的时间开展教育。要遵循大学生在校四年的学习成长规律，从大一学年到大四学年，将思想政治工作划分为奠基、培基、固基、强基"四基渐进"的不同阶段，分层次、有重点、全过程抓好落实。第一学年，在帮助其从高中生到大学生的"转变"上"奠基"。第二学年，在扭住大学生世界观、人生观、价值观这个"总开关"上"培基"。第三学年，在提高大学生政治鉴别能力、辩证思维能力的"两个能力"上"固基"。第四学年，在倡导大学生到边疆、到艰苦地区、到祖国最需要的地方建功立业上"强基"。第二，"三全育人"。中共中央、国务院印发的《关于加强和改进新形势下高校思想政治工作的意见》提出，坚持全员全过程全方位育人（以下简称"三全育人"）。围绕这些要求，高校要把立德树人作为根本任务，融入思想道德教育、文化知识教育、社会实践教育各环节，把思想政治工作贯穿教育教学全过程，把思想价值引领贯穿教育教学全过程和各环节，形成教书育人、科研育人、实践育人、管理育人、服务育人、文化育人、组织育人长效机制。积极构建"大思政"育人格局，相关部门要通力合作，形成合力，奏响"三全育人"最强音。第三，因班制宜。大学生在学习和生活过程中，源自专业特点和班级文化，会形成具有专业特色或班级特色的优势和短板。高校思想政治工作者一定要正视大学生存在的这些情况和问题，开展形式多样的思想政治教育活动，提高思想政治教育的实效性。第四，因人制宜。因人制宜指根据每个大学生的不同情况制定成长发展规划书，开展有针对性的帮扶教育。为每位大学生制定成长发展规划书。从入学第一天到大学生毕业，在规划书上记录大学生的思想动态，包括成长目标、成长规划、成长困惑、成长感言和成长大事记等五个方面的内容，纵向立体了解大学生的情况，以有针对性地开展帮扶教育。

课堂育人，强化系统性。创新高校思想政治理论课模式，积极打造"三个课堂"，充分用好思想政治教育的主渠道。第一，完善基础教育课程，改革第一课堂。开设思想政治理论课精品课程，安排固定课时。采取启发式和讨论式等教学方法，调动大学生学习的积极性和主动性，将理论学习与当前国际国内热点问题相结合，贴近实际、贴近生活、贴近大学生，帮助大学生深刻领会相关内容。第二，开展专家专题讲座，创新第二课堂。定期邀请全国知名的专家学者为大学生开设高质量专题讲座，引导大学生从更高的层面、更宽的视角理解思想政治理论知识，促进思想政治教育内容入耳、入脑、入心。第三，突出自主教育课程，丰富第三课堂。自主教育课程丰富多样，可以组织大学生开展马克思主义论坛、红色教育论坛等，搭建理论学习与思想交流的平台。

阵地育人，突出时代性。网络化生活已经成为大学生的一种生活方式。主动占领媒体阵地，不断拓宽大学生思想政治教育的渠道和空间具有重要的意义。一方面，加强党建网络阵地建设。完善自主学习党建在线教育平台，通过设置网络课程，调动大学生学习理论知识的积极性和主动性。另一方面，搞活"网上政工"教育。网络平台提供的信息图文并茂，集思想性、知识性、趣味性于一体。随着信息网络的普及和发展，高校思想政治工作者一定要搞活"网上政工"教育，占领教育主阵地，通过在网络平台上发布"成功一课"、优秀影片等与大学生面对面，形成名副其实的"大教育"格局，提高思想政治教育的吸引力和感染力，让大学生思想政治教育真正"活"起来、"火"起来。

实践育人，确保实效性。毛泽东说："人的正确思想是从哪里来的？是从天上掉下来的吗？不是。是自己头脑里固有的吗？不是。人的正确思想，只能从社会实践中来，只能从社会的生产斗争、阶级斗争和科学实验这三项实践中来。"① 实践是最有力的教育，通过开展实践活动，引导大学生在社会实践中深化对思想政治教育内容的认识和体悟，进而陶冶情操、提高道德境界、增长知识才干。一是优化实践教学体系。以"真知实做"的实践育人理念为指导，遵循学生认知规律，坚持实践教学全过程"真学真练"，构建"基础—综合—专业—创新"四层次递进实践教学体系，从基础到综合，从专业到创新贯穿学生培养全过程。二是打造高水平实践教学平台。打造"大工程、全流程、场景化"专业实践平台。如国防大学在井冈山、延安等地设立了教育基地，每年都组织不同班次的大学生开展实地教学和革命传统教育。装甲兵工程学院利用区位优势，定期开展大学生参观践学，取得了良好的教育效果。

榜样育人，彰显真实性。榜样效应指具有代表性的先进人物影响和激励人们所产生的效果。榜样的力量是无穷的，在革命战争年代，我们用榜样的力量鼓舞着一代又一代革命志士为争取民族独立和人民解放而前赴后继、浴血奋战。在和平建设时期，我们同样用榜样的力量激励着一批又一批爱国志士为争取国家繁荣和民族富强而默默耕耘、无私奉献。对于大学生思想政治教育，同样需要重视榜样效应，发挥示范功能，激起大学生学习、仿效的动力，从而产生类似于榜样的思想和行为。一是先进典型示范。一个好的典型就是一面旗帜，要树立先进典型，不要过于追求高大全，要让大学生能够真正看得见，摸得着，学得了。二是自身言行示范。"言传不如身教""喊破嗓子不如甩开膀子"。在思想政治教育过程中，教育主体以其全部言行和整个人格影响教育对象，使之从中受到熏陶、感染。因此，教育主体要以身作则，作出表率。三是反面案例警示。受多元价值观的影响，大学生的思想呈现出多种思潮的烙印。因此，运用反面人物和事件进行警示，使大学生从中吸取教训，以免重蹈覆辙。

---

① 《毛泽东著作选读》（下册），人民出版社，1986，第839页。

学科借鉴，增强科学性。思想政治教育的对象是人，必然会涉及人的心理、生理、行为方方面面。因此，要注意借鉴相关学科的理论知识和工作方法，增强大学生思想政治教育的科学性。一是提高接受主体的自我效能感。自我效能感是人们对自身能否利用所具有的技能去完成某项工作的自信程度，关系到学习动机的激发、学习效率的提高、学习效果的增强。其中，对于大学生而言，高校思想政治工作者的评价在其心目中占有重要地位，对大学生自我效能感的形成发挥重要作用。因此，高校思想政治工作者要多以鼓励、支持的态度对待大学生，促使其获得成功的体验。二是建立知情交融的教育新模式。伊扎德的情绪分化理论认为，人的大多数活动是在认知与情绪相互作用的驱使下进行的。认知是情感的基础，情感又促进或阻碍认知的发展。因此，在大学生思想政治教育接受活动中，必须建立知情交融的教育新模式，充分掌握接受主体认知和情感的变化，发挥二者的综合作用，以保证思想政治教育目标的实现。三是重视心理咨询的育人功能。心理咨询与思想政治教育共同承担着培养人、塑造人的职能。在大学生思想政治教育中，要注意借鉴心理学的知识观察了解大学生，掌握其思想、心理变化的特点和规律，提高思想政治教育的预见性和针对性。

（三）接受环体的优化

"思想政治教育环境指对思想政治教育活动以及思想政治教育对象的思想品德形成和发展产生影响的一切外部因素的总和。"① 大学生思想政治教育接受是在特定环境中进行的，环境的优劣直接影响和制约接受的实效。从广义上讲，思想政治教育环境包括宏观环境和微观环境。宏观环境由社会经济环境、社会政治环境、社会文化环境组成。优化宏观环境固然对提高大学生思想政治教育实效具有重要的意义和价值，然而作为一项宏观的系统工程，从理论层面的解答只能起到有限的实效。因此，本书研究大学生思想政治教育接受环境的优化从微观切入，力求可操作性。

---

① 陈万柏、张耀灿主编《思想政治教育学原理》，高等教育出版社，2007，第96页。

1. 优化大学生思想政治教育接受环境的意义

大学生思想政治教育接受不是在真空中进行，在思想政治教育接受过程中，除了接受主体和教育主体外，影响接受的另一个重要因素就是接受环境。《中共中央、国务院关于进一步加强和改进大学生思想政治教育的意见》指出："大学生思想政治教育面临国际国内两大环境，要重视校园人文环境和自然环境建设，形成教书育人、管理育人、服务育人的良好氛围和工作格局。"① 关于环境对人影响，在中国古代思想史上有许多颇具见地的论述。孔子说："三人行，必有我师也，择其善者而从之，其不善者而改之。"孟子说："一齐人傅之，众楚人咻之，虽日挞而求齐也，不可得矣。"荀子说："蓬生麻中，不扶而直；白沙在涅，与之俱黑。……故君子居必择乡，游必就士，所以防邪僻而就中正也。"墨子说："染于苍则苍，染于黄则黄。所入者变，其色亦变；五入必而已则为五色矣。故染不可不慎也！"这些论述都强调了环境在接受教育中的重要作用。马克思更是鲜明地指出："观念的东西不外是移入人的头脑并在人的头脑中改造过的物质的东西而已。"② 马克思、恩格斯还指出，"人们的观念、观点和概念，随着人们的生活条件、人们的社会关系、人们的社会存在的改变而改变"③。高校思想政治教育环境对大学生思想品德的形成、发展具有重要的约束规范、感染熏陶的作用，重视大学生思想政治教育接受环境的优化具有重要的意义。一是抵制消极文化的需要。随着网络的普及和发展，西方许多不良文化、生活观念、价值理念大量传入，对大学生人格的形成、价值观念的塑造产生消极影响。优化大学生思想政治教育环境，形成健康向上的舆论导向，能够使消极文化无孔可入。二是抵制不良社会思潮的需要。新时代各种非马克思主义甚至反马克思主义的社会思潮，紧紧抓住青年群体的特点，披着正义、民主、光鲜的外衣粉墨登场，给新时代青年以强烈的感官刺激，动摇马克思主义在意识形

---

① 《加强和改进大学生思想政治教育重要文献选编（1978—2008）》，中国人民大学出版社，2008，第381页。
② 《马克思恩格斯选集》（第2卷），人民出版社，1995，第112页。
③ 《马克思恩格斯选集》（第1卷），人民出版社，2012，第419~420页。

态领域的指导地位。优化大学生思想政治教育接受环境，是自觉抵制不良社会思潮的需要。三是应对市场经济冲击的需要。社会主义市场经济体制的确立带来经济价值观念由传统向现代转型，大学生正处在价值观形成的敏感时期，很容易摒弃旧有的价值观念，接受与当前社会相适应的新的价值观。市场经济内在诚信观、契约观和竞争意识等价值观念在大学生群体中不断觉醒和发扬的同时，拜金主义、实用主义、享乐主义也大行其道，给大学生思想政治教育带来严峻挑战。优化大学生思想政治教育接受环境，全面注重积极因素的影响，自觉规避消极因素的影响，有利于提高大学生思想政治教育的接受实效。

2. 优化大学生思想政治教育接受环境的途径

大学生思想政治教育的微观环境包括家庭、学校等方面，本书在研究过程中考虑到大学生的特殊性以及实践的可操作性，重点探讨优化大学生思想政治教育的校园环境。具体而言，包括校园学习环境、校园文化环境、校园网络环境、校园生活环境四个方面。

优化校园学习环境。学习环境是促进大学生接受思想政治教育的外部条件，在思想政治教育接受中起至关重要的作用。优化大学生校园学习环境需要重点抓好以下三个方面。第一，教学环境。教学环境是学习环境的主导性因素，一定要重视教学环境建设。一方面，要以习近平新时代中国特色社会主义思想为指导，加强高校思想政治教育的学科建设、课程建设、教材建设和教师队伍建设。另一方面，高校思想政治工作者要率先垂范，以良好的道德、品质和人格给大学生以潜移默化的影响。第二，学习气氛。学习气氛是学习环境的核心要素，反映了一个组织对学习的重视程度。对大学生思想政治教育接受而言，良好的学习气氛是提高思想政治教育接受效果的先决条件，要大力营造重视学习、崇尚学习、善于学习的氛围环境。第三，学习情境。学习情境指高校思想政治工作者予以规定和把握的环境。通过创设学习情境，激发学习的动机和提高学习的效果。就大学生思想政治教育接受而言，高校思想政治工作者可以通过"课堂讨论""理论交流""民主生活会"等形式，创设大学生喜闻乐见的学习情境。

优化校园文化环境。良好的校园文化环境，对大学生的思想政治教育起到潜移默化的作用。校园文化环境包括校园物质文化环境、精神文化环境和制度文化环境三个部分。第一，校园物质文化环境。校园物质文化环境居于表层，主要指学校建筑、文化设施及校园景观等。优化校园物质文化环境要力求每个角落弥漫思想政治教育的气息。例如，修建供大学生自主学习和课余休息的学习长廊、文化广场和人工湖公园，为大学生创造优美的学习环境和文化活动场所，促进大学生身心健康发展；在学校内建立校史馆、荣誉室等。第二，校园精神文化环境。校园精神文化环境作为一种隐性的教育资源，具有很强的渗透力和影响力。因此，可以充分利用橱窗、雕塑等一切可以利用的媒介发挥思想政治教育功能，使思想政治教育寓于健康生动的校园文化中。例如，装甲兵工程学院在主干道两侧悬挂具有政治性、时代性的格言警句；在教学楼上悬挂徐向前元帅题写的"信念、求实、献身"校训，让大学生处处受教育、时时受激励；在教学楼内悬挂中华人民共和国元帅、大将以及古今中外思想家、教育家的画像，激发大学生的学习热情，让大学生在催人奋进的环境氛围中受教育、受熏陶。第三，校园制度文化环境。校园制度文化环境是校园精神文化在学校运作管理上的体现，具有管理、教育和约束作用。高校要积极建立与我国高等教育及社会发展要求相衔接，与大学生自身成长成才需要相适应的规章制度。

优化校园网络环境。中国互联网络信息中心第 55 次《中国互联网络发展状况统计报告》显示，截至 2024 年 12 月，我国网民规模近 11.08 亿人，较 2023 年 12 月增长 1608 万人，互联网普及率达 78.6%。青年群体作为网络用户的主体，几乎达到"无人不网"的状况。大学生作为青年群体的重要组成部分，自然不能"独善其身"，他们在网上购物、交友、娱乐、查阅资料、学习知识、发表观点等，尽情享受赛博空间带来的便捷与高效，网络化生活已经成为大学生的新常态。然而，网络上的负面信息给大学生的思想观念、价值追求、精神面貌带来负面影响。因此，要积极优化校园网络环境，为大学生思想政治教育接受营造良好的虚拟环境。第一，抢占网络主阵地。设立思想政治教育"红色网站"，以新颖的形式吸引大学生点击访问，主动占领网络思想政治教育阵地，牢牢掌握"制网权"。第二，控制网络话语权。一方面，强化大学生网络道德意识，帮助大学生提高网络信息辨别力，自觉抵制不良思想的影响。同时，积极做好网上舆情监测和引导工作，及时过滤不良信息。另一方面，积极开展大学生网络活动，了解大学生思想动态，有针对性地做好引导工作。通过在网上开展读书交流、热点沙龙、新影评论等活动，让大学生"晒思想""亮看法""秀观点"，了解他们的所思所惑，因势利导，控制网络话语。第三，建强网络工作队。教育部印发的《关于加强高等学校思想政治教育进网络工作的若干意见》指出，一支既具有较高的政治理论水平、熟悉思想政治工作规律，又能较有效地掌握网络技术、熟悉网络文化特点，在网络上进行思想政治教育工作的队伍，是做好思想政治教育进网络工作的重要组织保证。网络思想政治教育工作队伍，应以思想政治理论课教师、辅导员等为主体，吸纳网络技术人员加入，取长补短，协同工作。主体人员既要做好日常思想政治教育工作，又要兼顾网络思想政治教育工作。兼职人员主要协助做好思想政治教育信息发布、网站维护等工作。

优化校园生活环境。大学生校园生活涉及宿舍生活、党团生活、日常交往等多个方面，优化大学生校园生活环境主要包括以下几个方面。第一，宿舍生活。宿舍环境具有教育导向功能、素质拓展功能和内化自律功能，大学生宿舍环境的健康与否直接影响到思想政治教育的实际效果。要根据宿舍群体的特点，抓好宿舍群体建设，努力形成一个团结上进、积极向上的宿舍群体。第二，党团生活。党团生活是开展思想政治教育的有效载体，要充分利用党团生活开展大学生思想政治教育。例如，可以将学习党的最新理论成果、参加重大节日和纪念日庆典活动等作为党团生活的重要内容，引导大学生强化使命意识、责任意识和荣誉意识。第三，日常交往。受社会庸俗交往观念的影响，原本纯洁的同学关系受到了不同程度的冲击和影响，给高校思想政治教育工作带来严峻挑战。因此，必须坚决抵制和消除庸俗关系的影响，引导大学生相互关心、互相爱护、互相帮助。

四 新时代大学生思想政治教育接受过程的阶段优化

从横向动态的角度研究大学生思想政治教育接受过程的优化，需要首先将大学生思想政治教育接受过程划分为前后相继的若干阶段。本书基于对大学生思想政治教育接受过程运行的分析，将这一过程分为启动、内化、外化三个阶段。

（一）启动阶段的优化

启动阶段是大学生思想政治教育接受过程的前提。这一阶段的优化主要是重视激发大学生思想政治教育的接受动机和科学设计大学生思想政治教育的接受内容。一方面，重视激发大学生思想政治教育的接受动机。大学生思想政治教育接受前的思想和心理状态，直接影响思想政治教育的接受动力和接受质量。"在中国传统思想政治教育活动中从来就十分重视受者良好的接受准备状态的营建，努力诱发或唤起受者的求知欲望。"[1] "教育者通过种种信号向接受主体开放其施教趋向的先兆信息，向接受者作接受指向调整的暗示，唤醒接受主体的以往记忆使之处于准备状态，从而催发接受主体的接受期待心理。"[2] 因此，高校思想政治工作者在实施教育活动之前，应通过大力宣扬授课内容的时代性、前瞻性和价值性，激发大学生对思想政治教育内容的接受兴趣、接受期待，提高大学生对接受内容的敏感度，为思想政治教育的顺利开展奠定基础。另一方面，科学设计大学生思想政治教育接受内容。"思想政治教育内容通常是一些善恶、美丑的价值观念、价值准则和价值导向，具有鲜明的阶级性和社会政治性倾向。"[3] 从接受的角度分析，教育内容对大学生而言具有较强的价值性，与大学生思想道德

---

[1] 李芳云、张世欣：《论思想政治教育的接受机理与接受过程》，《探索》2004 年第 4 期。
[2] 李芳云、张世欣：《论思想政治教育的接受机理与接受过程》，《探索》2004 年第 4 期。
[3] 赵凤伟、刘新全：《思想政治教育接受的前提探析》，《安徽师范大学学报》（人文社会科学版）2013 年第 3 期。

状况之间保持适度的张力，是大学生思想政治教育接受成为可能的前提条件。因此，高校思想政治工作者要聚焦社会热点和前沿，深入分析大学生的接受能力和接受特点，紧贴时代发展、紧贴使命任务、紧贴大学生实际，科学设计大学生思想政治教育接受内容，增强思想政治教育主动性和针对性，激发大学生的接受动力。

（二）内化阶段的优化

内化阶段是大学生思想政治教育接受过程的核心，包括感觉、知觉、注意、记忆、思维五个环节。五个环节前后延续，不可偏废，任何环节的中断都将意味着接受过程的失败，各环节的优化组合是提高大学生思想政治教育接受效果的保障。研究将按照接受内化的顺序依次展开，深入探讨各环节的影响因素，为大学生思想政治教育内化过程的优化提供启示。

感知觉环节的优化。感觉是人脑对直接作用于感觉器官的客观事物个别属性的反映。人的基本感觉包括视觉、听觉、嗅觉、味觉、肤觉。其中，影响感觉的因素主要包括个体的感觉阈限、信息的刺激强度、刺激的作用时间三个方面，一般情况下，个体的感觉阈限越小，感受性越强；信息的刺激强度越大，感觉越强；刺激的作用时间越长，个体伴随感觉的适应会降低感受性。知觉是人脑对直接作用于感觉器官的客观事物的整体认识。一般情况下，接受主体对知觉对象清晰，而对知觉背景模糊。在现实生活中，感觉和知觉通常同时发生，正如托马斯所指出的"感觉信息一经通过感觉器官传到脑，知觉就随之产生"[1]。大学生思想政治教育的接受是建立在获取大量思想政治教育内容基础之上的。根据对感知觉理论的理解，思想政治教育内容的获取要注意以下三点。第一，教育内容要突出新颖性。大学生正处在求知欲最强烈的时期，思想异常活跃，高校思想政治工作者在开展思想政治教育的过程中，要结合大学生的思想实际，结合大学生聚焦的社会热点，以提

---

① 托马斯：《感觉世界：感觉和知觉导论》，旦明译，科学出版社，1983，第 1 页。

高思想政治教育的新颖性。第二，高校思想政治工作者在开展思想政治教育时要不断调整刺激的作用时间，尽量选取声色俱全、图文并茂、声情融会的载体，给大学生以强烈的感官刺激，以提高思想政治教育内容的冲击性，增加大学生思想政治教育内容的获取量。第三，高校思想政治工作者要把重要的教育内容设置为大学生的知觉对象，提高思想政治教育内容获取的有效性。

注意环节的优化。注意是心理活动对一定对象的指向和集中。指向是指心理活动选择某一事物为对象而离开其他事物。集中是指注意时"全神贯注"，表现为心理活动的强度或紧张性。注意的基本功能是对信息的选择，信息的选择会受主体需要、兴趣、情感、过去经验等因素和客体信息刺激强度的影响。根据对注意理论的理解，优化注意环节要从以下三方面着手。第一，高校思想政治工作者要将晦涩难懂的政治理论用大学生喜闻乐见的形式表达出来，将理论与大学生的生活实际和社会热点结合起来，激发大学生的注意兴趣。第二，个体对同一刺激事物的注意时间具有有限性，高校思想政治教育要不断调动接受主体的积极性，以提高大学生注意的稳定性。第三，面对大学生学习无趣、情绪低迷的状态，高校思想政治工作者可以通过更具刺激力和吸引力的活动转移注意，在此基础上开展思想政治教育。

记忆环节的优化。记忆是在头脑中积累和保持个体经验的心理过程。记忆的效果受识记的目的、内容、数量、方法的影响，目的明确、内容清晰、数量适中、方法得当会提高识记效果。此外，不同的年龄阶段采用不同的记忆方式会有不同的效果，随着年龄的增长，以理解为基础的意义识记的效果要优于机械识记。记忆的对立面是遗忘。心理学家艾宾浩斯发现：遗忘的规律是先快后慢。所以克服遗忘最好的方法就是及时复习。大学生思想政治教育接受的记忆过程指大学生对注意的信息进行识记、保持、再认的过程。根据记忆相关理论的理解，优化记忆环节要注意以下三点。第一，在大学生思想政治教育活动中，要首先讲明识记目的，合理安排教学内容，科学选取教学方法，使大学生在充分理解的基础上实现意义识记，提高记忆的效率和效果。第二，依据遗忘的规律，大学生对思想政治教育内容要及时复习、克服遗忘，保持记忆量的最大化。第三，科学设置大学生思想政治教育外部环境，充分利用宣传橱窗、校园广播、报纸杂志等传递思想政治教育信息，使大学生有意识或无意识地识记教育内容。

思维环节的优化。思维作为一种高级认识过程，是人脑对客观现实概况的、间接的反映，是理解、掌握和运用知识的过程。"感知觉只能反映事物的个别属性或个别的事物，而思维则能反映一类事物的本质和事物之间的规律性认识。"[①] 思维的实质是对头脑中已有的知识经验不断进行更新和改组，并对外界输入的信息进行分析、综合、比较、抽象和概括。思维与问题解决能力密切相关。艾森克认为，思维是"有机体（人或动物）在认识和解决问题时的心理体验"[②]。它通常按照"提出问题—问题分析—方案决策—应变措施"这样的思维技术模型来进行。大学生思想政治教育接受的思维过程指大学生对先前记忆的信息进行加工、处理、思辨、整合的过程。根据思维相关理论的理解，优化思维环节要从以下两方面着手。一方面，高校思想政治工作者要超前觉察接受主体的思维方式。超前觉察接受主体的思维方式是科学施教的前提。源自成长背景的不同，个体经历的差异，大学生的思维方式因人而异，然而作为一类群体思维方式具有一定的相似性，超前觉察具有普遍性的思维方式对于科学设置施教内容具有重要意义和价值。另一方面，科学培养接受主体的思维方式。思维方式具有极强的稳定性，是接受主体过去知识、经验的高度抽象，思想政治教育内容接受与否在一定程度上受思维方式的影响和制约。科学的思维方式是正确看待思想政治教育内容的关键所在，因此，可以通过理论研讨法、历史分析法、案例讲授法等培养接受主体的思维方式，提高大学生理性思维能力、明辨是非能力。

---

① 黄希庭：《心理学导论》，人民教育出版社，2007，第418页。
② 艾森克：《心理学——一条整合的途径》（上册），阎巩固译，华东师范大学出版社，2000，第235页。

（三）外化阶段的优化

外化阶段是大学生思想政治教育接受过程的关键。这一阶段的优化主要是培养大学生思想政治教育行为外化的能力。目前，大学生思想政治教育重视知识、道德、规范的传授和灌输，忽视实践，致使思想政治教育的接受仅仅停留在理性认识层面。有学者提出，思想政治教育失去了生活的基础，"成了教室里谈论的东西而不是需要力行的东西，成了束之高阁的东西"①。现实中，大学生不乏对思想政治教育内容的认知和认同，缺乏的是将思想认知转化为行为的能力。众所周知，行为是由动机引起的，但并不是所有的动机都能引起行为，"思想动机转化为行为还必须通过选择相应的行为方式。如果思想动机找不到合适的行为方式，它就可能消退或放弃，或者转换新的动机"②。对此，一方面，重视实践训练。高校思想政治工作者要注意浓缩课堂教学时间，搭建实践平台，巧用活动载体寓教于境，提高大学生的行为转化能力。比如，利用雷锋纪念日开展献爱心、做好事活动；利用中国人民抗日战争胜利纪念日、南京大屠杀死难者国家公祭日等开展爱国主义活动。通过较长时期的培养，逐步将大学生对思想政治教育的认同上升到信仰的高度，自觉指导自己的言行。另一方面，利用规章约束。加拿大媒介理论家、思想家马歇尔·麦克卢汉在《理解媒介：论人的延伸》中指出："任何媒介（即人的任何延伸）对个人和社会的任何影响，都是由于新的尺度产生的；我们的任何一种延伸（或曰任何一种新的技术），都要在我们的事务中引进一种新的尺度。"③ 中国古代，"以言传道""以书载道""以行践道""以管化道"等思想也深刻影响着我们传递教育思想的方式。《国家中长期教育改革和发展规划纲要（2010—2020 年）》指出，要建立以提高教育质量为导向的管理制度和工作机制，尊重教育规律和学生身心发展规律，把关心每个

---

① 高德胜：《知性德育及其超越——现代德育困境研究》，教育科学出版社，2003，第 17 页。

② 邱伟光、张耀灿主编《思想政治教育学原理》，高等教育出版社，1999，第 78 页。

③ 〔加〕马歇尔·麦克卢汉：《理解媒介：论人的延伸》，何道宽译，译林出版社，2011，第 33 页。

学生，促进每个学生主动地、生动活泼地发展，促进学生健康成长作为学校一切工作的出发点和落脚点。高校管理制度具有承载规范办学行为、强化价值引导、加强道德规范、完善治理体系的重要功能。通过各项管理制度的建立和执行，引导、协调、约束和规范被管理者的言谈举止，从而实现大学生思想政治教育目标。

附　录

亲爱的同学：

您好！

我们是思想政治教育专业的科研人员，目前正在开展大学思想政治教育接受过程的研究。本研究的成果将为思想政治教育的科学性提供一定的理论依据，特邀您参加此次调研。本问卷选项无对错之分，一切信息都将为您保密，其他人都不能看到您的答案。问卷分三部分，请认真阅读每部分的指导语，按照指导语的要求作答。谢谢您的配合！

第一部分

以下是与您有关的一些信息，请根据您的具体情况如实填写，并在相应的选项下画"√"。

1. 您的性别：A. 男　B. 女

2. 您是否为中共党员（包括中共预备党员）：A. 是　B. 否

3. 您是否为学生干部：A. 是　B. 否

4. 您是大学几年级：A. 大一　B. 大二　C. 大三　D. 大四

5. 您是来自：A. 农村　B. 城市

6. 您认为自己父母倾向于哪一种教养方式：
    A. 权威型教养方式——父母树立权威，对孩子理解、尊重，与孩子经常交流并给予帮助的一种教养方式
    B. 专断型教养方式——父母要求子女绝对服从自己，对子女所有行为都加以保护监督的一种教养方式
    C. 放纵型教养方式——父母对子女持积极肯定的态度，但缺乏控制的一种教养方式
    D. 忽视型教养方式——父母对子女缺少爱的情感和积极反应，又缺少行为要求和控制的一种教养方式

7. 您认为自己的辅导员倾向于哪一种管理风格:
   A. 专制型:强调权威,涉及班级决策时倾向于一言堂
   B. 民主型:强调民主,涉及班级决策时倾向于采取投票或举手表决的方式
   C. 放任型:强调放权,涉及班级决策时倾向于让学生自己决定

8. 我是一个热情、果断、活跃、冒险、乐观的人:
   A. 完全不符合　B. 基本不符合　C. 有点符合　D. 大部分符合　E. 完全符合

9. 我是一个焦虑、敌对、压抑、冲动、脆弱的人:
   A. 完全不符合　B. 基本不符合　C. 有点符合　D. 大部分符合　E. 完全符合

10. 我是一个信任、利他、直率、谦虚、热心肠的人:
    A. 完全不符合　B. 基本不符合　C. 有点符合　D. 大部分符合　E. 完全符合

11. 我是一个有条理、尽职、自律、谨慎、克制的人:
    A. 完全不符合　B. 基本不符合　C. 有点符合　D. 大部分符合　E. 完全符合

12. 我是一个有想象力、自主、求异、求变、创造性的人:
    A. 完全不符合　B. 基本不符合　C. 有点符合　D. 大部分符合　E. 完全符合

第二部分

本部分采取 5 点计分法,1~5 分别代表"完全不符合,基本不符合,有点符合,大部分符合,完全符合"。请根据您的具体情况如实填写,并在相应的选项下画"√"。

题目	完全不符合	基本不符合	有点符合	大部分符合	完全符合
1. 不管发生任何事情,我总会按计划学习和复习思想政治教育内容。	1	2	3	4	5
2. 马克思主义经典文献,即使很枯燥,我也会坚持按照阅读计划读完。	1	2	3	4	5
3. 我会记录晦涩难懂、观点新颖、分析深刻的政治理论。	1	2	3	4	5
4. 我会忍不住主动阅读马克思主义理论著作。	1	2	3	4	5
5. 思想政治理论课上,我能做到认真听讲、积极参与。	1	2	3	4	5
6. 在食堂吃饭时,我个人能做到不浪费粮食。	1	2	3	4	5

续表

题目	完全不符合	基本不符合	有点符合	大部分符合	完全符合
7. 当学校招募志愿者时,我一般表现为不排除、不主动,顺其自然。	1	2	3	4	5
8. 校园里,我能很快注意到思想政治教育的宣传栏目。	1	2	3	4	5
9. 我能记忆社会主义核心价值观。	1	2	3	4	5
10. 我坚信"民主社会主义"值得推崇。	1	2	3	4	5
11. 我认为"社会主义战胜资本主义"是历史发展的必然。	1	2	3	4	5
12. 我认为"资本主义的发展必然导致资本主义的灭亡"。	1	2	3	4	5
13. 在他人询问的情况下,我会介绍党和国家的先进理论。	1	2	3	4	5
14. 我能践行社会主义核心价值观在"个人层面"倡导的内容。	1	2	3	4	5
15. 当临时通知下节课是思想政治理论课时,我通常感到很高兴。	1	2	3	4	5
16. 我为国家科技发展取得重大成就感到高兴。	1	2	3	4	5
17. 网络上的思想政治教育的信息,我通常会为了完成作业进行学习。	1	2	3	4	5
18. 在食堂吃饭时,我经常是在同学的提醒下做到不浪费。	1	2	3	4	5
19. 我认同当集体利益和个人利益发生冲突时,个人利益让位于集体利益。	1	2	3	4	5
20. 我会主动选择去艰苦的地方就业。	1	2	3	4	5
21. 公共汽车上,应该主动为老弱病残孕让座。	1	2	3	4	5

题目	完全不符合	基本不符合	有点符合	大部分符合	完全符合
22. 我认为考试作弊是一种无奈的行为。	1	2	3	4	5
23. 我经常会反思学过的思想政治教育内容,而后做出自己的判断。	1	2	3	4	5
24. 当同学为班级赢得荣誉时,我会很自豪。	1	2	3	4	5
25. 坚持不懈是迈向成功的关键。	1	2	3	4	5
26. 网络上的思想政治教育信息,我平时会主动搜索学习。	1	2	3	4	5
27. 我会主动翻阅思想政治理论课的教材和笔记。	1	2	3	4	5
28. 吃饭时,我会督促他人不要浪费粮食。	1	2	3	4	5
29. 我认为"资本主义灭亡需要社会主义发动战争来完成"。	1	2	3	4	5
30. 如果思想政治理论课作为选修课,我仍然会选择。	1	2	3	4	5
31. 临近考试,尽管有自己感兴趣的球赛,但我会选择复习笔记。	1	2	3	4	5
32. 学期初,我习惯制定思想政治理论课程的学习目标和计划。	1	2	3	4	5
33. 在思想政治理论课上,我会想办法克制自己不打瞌睡。	1	2	3	4	5
34. 在学习思想政治理论课遇到困难时,我会想办法去解决。	1	2	3	4	5
35. 思想政治理论课的课本和笔记,平时无意中想起来会读一读、看一看。	1	2	3	4	5
36. 我会对辅导员等人对我进行的思想政治教育耿耿于怀。	1	2	3	4	5
37. 每当听到国歌响起的时候,我都很激动。	1	2	3	4	5

续表

题目	完全不符合	基本不符合	有点符合	大部分符合	完全符合
38. 我非常关注事关国家利益和安全的新闻。	1	2	3	4	5
39. 面对学习计划，我会马上执行，从不拖延。	1	2	3	4	5
40. 不明白的政治术语、新闻事件，我会第一时间查阅。	1	2	3	4	5
41. 上网查资料时，我经常因打游戏、看电影等而忘记。	1	2	3	4	5
42. 假期回家，我会主动向邻里介绍党和国家的先进理论。	1	2	3	4	5

第三部分
请根据您的真实情况，选择合适的选项，并在选项下画"√"。

1. 您在思想政治理论课上的表现：
   A. 认真听讲做笔记　B. 只听不做笔记　C. 看其他的书籍　D. 心不在焉，根本不听

2. 您认为在高校开设思想政治理论课：
   A. 非常有必要　B. 有必要　C. 不太必要　D. 没必要

3. 您认为通过思想政治理论课进行思想政治教育：
   A. 非常可行　B. 可行　C. 不太可行　D. 不可行

4. 您对思想政治理论课：
   A. 非常感兴趣　B. 感兴趣　C. 不太感兴趣　D. 反感

5. 思想政治理论课教师对大学生缺乏吸引力，最主要原因是：
   A. 理论功底欠缺，掌握的本学科知识缺乏必要的广度和深度
   B. 教学方式陈旧、单一，难以激发大学生的学习兴趣
   C. 语言表达缺乏感染力，导致课堂气氛沉闷
   D. 教师的言谈举止、年龄、性别、个性以及对待学生的态度和教师的个人修养等

6. (多选)您认为思想政治理论课教师需要：
   A. 有学术造诣　B. 有责任感　C. 有人格魅力　D. 有较强的教学能力

7. 对于思想政治理论课的教材内容，您的看法：
   A. 教条主义、空洞的理论　B. 与实际结合密切
   C. 内容新、反映了时代的要求　D. 与实际结合不紧密

8. (多选)您所遇到的思想政治理论课堂上,教学内容:

　　A. 透视了最新时政问题　B. 传递了基本理论问题

　　C. 解答了大学生困惑问题　D. 与中学政治课重复太多

　　E. 基本理论和基本观点已经过时　F. 与社会现实存在背离

9. 您对思想政治理论课教学方式的评价:

　　A. 满意　B. 基本满意　C. 不满意　D. 非常不满意

10. (多选)思想政治理论课,教师采用的主要方式:

　　A. 讲授法　B. 讨论法　C. 案例教学法　D. 问题探究法　E. 多媒体教学法　F. 参观考察法

11. 您对学校思想政治教育育人环境的基本评价:

　　A. 满意　B. 基本满意　C. 不满意　D. 非常不满意

12. 您上思想政治理论课的主要原因是:

　　A. 必修课必须上　B. 提高思想政治理论素质　C. 受老师所讲授内容吸引

　　D. 单纯应付考试拿学分　E. 受学校课堂纪律约束

13. 您认为思想政治理论课教学中存在的最大问题:

　　A. 教学方法问题　B. 教学内容问题　C. 社会环境问题　D. 教学手段问题　E. 其他

问卷作答完毕,谢谢您的配合!

参考文献

经典著作类：

1. 《马克思恩格斯全集》（第1卷），人民出版社，1995。

2. 《马克思恩格斯全集》（第23卷），人民出版社，1972。

3. 《马克思恩格斯全集》（第42卷），人民出版社，1979.

4. 《马克思恩格斯全集》（第49卷），人民出版社，1982。

5. 《马克思恩格斯选集》（第1~4卷），人民出版社，1972。

6. 《列宁选集》（第1卷），人民出版社，1995。

7. 《列宁全集》（第14卷），人民出版社，2017。

8. 《列宁全集》（第18卷），人民出版社，2017。

9. 《列宁全集》（第38卷），人民出版社，1959。

10. 《列宁全集》（第55卷），人民出版社，1990。

11. 《毛泽东选集》（第1~3卷），人民出版社，1991。

12. 《邓小平文选》（第1~2卷），人民出版社，1994。

13. 《邓小平文选》（第3卷），人民出版社，1993。

14. 《江泽民文选》（第1~3卷），人民出版社，2006。

15. 《习近平谈治国理政》（第一卷），外文出版社，2018。

16. 《习近平谈治国理政》（第二卷），外文出版社，2017。

17. 《习近平谈治国理政》（第三卷），外文出版社，2020。

18. 《习近平谈治国理政》（第四卷），外文出版社，2022。

重要文献类：

1. 习近平：《高举中国特色社会主义伟大旗帜　为全面建设社会主义现代化国家而团结奋斗——在中国共产党第二十次全国代表大会上的报告》，人民出版社，2022。

2. 习近平：《决胜全面建成小康社会　夺取新时代中国特色社会主义伟大胜利——在中国共产党第十九次全国代表大会上的报告》，人民出版社，2017。

3. 习近平：《在庆祝中国共产党成立 100 周年大会上的讲话》，人民出版社，2021。

4. 习近平：《论党的宣传思想工作》，中央文献出版社，2020。

5. 习近平：《在纪念马克思诞辰 200 周年大会上的讲话》，人民出版社，2018。

6. 《中共中央关于党的百年奋斗重大成就和历史经验的决议》，人民出版社，2021。

7. 《党的十九届六中全会〈决议〉学习辅导百问》，党建读物出版社、学习出版社，2021。

8. 《习近平总书记教育重要论述讲义》，高等教育出版社，2020。

9. 《习近平关于社会主义文化建设论述摘编》，中央文献出版社，2017。

10. 《习近平新时代中国特色社会主义思想学习问答》，学习出版社、人民出版社，2021。

11. 《习近平关于网络强国论述摘编》，中央文献出版社，2021。

12. 《新征程面对面：理论热点面对面·2021》，学习出版社、人民出版社，2021。

13. 《习近平总书记党的新闻舆论工作座谈会重要讲话精神学习辅助材料》，学习出版社，2016。

中文著作类：

1. 白显良：《隐性思想政治教育基本理论研究》，人民出版社，2013。

2. 本书编写组编《马克思主义基本原理》，高等教育出版社，2021。

3. 本书编写组编《毛泽东思想和中国特色社会主义理论体系概论》，高等教育出版社，2021。

4. 彭兰：《新媒体用户研究：节点化、媒介化、赛博格化的人》，中国人民大学出版社，2020。

5. 沈壮海主编《新编思想政治教育学原理》，中国人民大学出版社，2022。

6. 沈壮海等：《中国大学生思想政治教育发展报告（2018—2019）》，北京师范大学出版社，2020。

7. 杨晓慧主编《思想政治教育前沿译丛》，人民出版社，2017。

8. 杨永志等：《互联网条件下维护我国意识形态安全研究》，南开大学出版社，2015。

9. 周浩波、谢晓娟主编《思想政治教育环境论》，辽宁大学出版社，2016。

10. 周浩波：《教育哲学》，人民教育出版社，2014。

11. 周小华等：《基于新媒体技术的马克思主义传播》，国家行政学院出版社，2012。

12. 朱立元：《接受美学》，上海人民出版社，1989。

13. 林崇德：《发展心理学》，浙江教育出版社，2002。

14. 吴明隆编著《SPSS 统计应用实务》，中国铁道出版社，2000。

15. 张耀灿等：《现代思想政治教育学》，人民出版社，2006。

16. 王海平：《军队思想政治教育接受论》，军事科学出版社，2002。

17. 王敏：《思想政治教育接受论》，湖北人民出版社，2002。

18. 张世欣：《思想政治教育接受规律论》，上海三联书店，2005。

19. 夏征农主编《辞海》（上），上海辞书出版社，1989。

20. 班华主编《现代德育论》，安徽人民出版社，2001。

21. 唐诚、朱经农、高觉敷编《教育大辞书》，商务印书馆，1930。

22. 公方彬：《困惑与选择》（上册），中国华侨出版社，1998。

23. 彭柏林：《道德需要论》，上海三联书店，2007。

24. 孙来斌：《列宁的马克思主义理论教育思想研究》，中国社会科学出版社，2003。

25. 胡木贵、郑雪辉：《接受学导论》，辽宁教育出版社，1989。

26. 张汝伦：《意义的探究——当代西方释义学》，辽宁人民出版社，1986。

27. 莫雷主编《教育心理学》，教育科学出版社，2007。

28. 陈秉公：《思想政治教育学原理》，高等教育出版社，2006。

29. 陈华洲：《思想政治教育资源论》，中国社会科学出版社，2007。

30. 黄希庭：《心理学导论》，人民教育出版社，2007。

31. 陈秉公：《21 世纪思想政治教育工作创新理论体系》，吉林教育出版社，2000。

32. 华岗：《规律论》，人民出版社，1982。

33. 黄希庭主编《简明心理学辞典》，安徽人民出版社，2004。

34. 洪汉鼎：《理解的真理：解读伽达默尔〈真理与方法〉》，山东人民出版社，2001。

35. 周文彰：《狡黠的心灵：主体认识图式概论》，南方出版社，2009。

36. 总政治部宣传部组编《军人心理学》，国防大学出版社，2003。

37. 叶圣陶著、中国教育科学研究院编《叶圣陶语文教育论集》，教育科学出版社，2015。

38. 朱智贤主编《心理学大词典》，北京师范大学出版社，1989。

39. 张国良主编《传播学原理》，复旦大学出版社，1995。

40. 张琼、马尽举：《道德接受论》，中国社会科学出版社，1995。

41. 邱柏生主编《思想教育接受学》，山西人民出版社，1992。

42. 《加强和改进大学生思想政治教育重要文献选编（1978—2008）》，中国人民大学出版社，2008。

43. 胡树祥主编《网络思想政治教育研究》，电子科技大学出版社，2005。

44. 潘敏：《高校网络思想政治教育创新与实践》，中国言实出版社，2007。

45. 徐绍华：《高校网络思想政治教育的实效性研究》，云南民族出版社，2006。

46. 黄蓉生主编《青年学研究》，四川人民出版社，2009。

47. 沈壮海：《思想政治教育有效性研究》，武汉大学出版社，2001。

48. 靳诺等：《新时期高校思想政治教育工作理论与实践》，高等教育出版社，2003。

49. 罗洪铁主编《思想政治教育专题研究》，中央文献出版社，2007。

50. 黄蓉生、邓卓明：《青年思想政治教育专论》，中央文献出版社，2005。

51. 刘捷：《专业化：挑战 21 世纪的教师》，教育科学出版社，2002。

52. 艾四林主编《思想政治理论课新体系与教师队伍建设研究》，清华大学出版社，2008。

53. 骆郁廷主编《高校思想政治理论课程论》，武汉大学出版社，2006。

54. 顾海良、佘双好主编《高校思想政治理论课程教学改革研究》，武汉大学出版社，2006。

55. 陈万柏、张耀灿主编《思想政治教育学原理》，高等教育出版社，2007。

56. 年福纯主编《新形势下军队思想政治建设的科学指南》，军事科学出版社，2010。

57. 李颖：《基于哲学解释学视角的思想政治教育接受研究》，浙江大学出版社，2013。

外文译著类：

1. 〔德〕恩斯特·卡西尔：《人论：人类文化哲学导引》，甘阳译，上海译文出版社，2013。

2. 〔德〕弗克兰·施尔玛赫：《网络至死：如何在喧嚣的互联网时代重获我们的创造力和思维力》，邱袁炜译，龙门书局，2011。

3. 〔德〕尤尔根·哈贝马斯：《作为"意识形态"的技术与科学》，李黎、郭官义译，学林出版社，1999。

4. 〔德〕尤尔根·哈贝马斯：《交往与社会进化》，张博树译，重庆出版社，1989。

5. 〔法〕古斯塔夫·勒庞：《乌合之众：大众心理研究》，冯克利译，广西师范大学出版社，2015。

6. 〔法〕塔尔德著、〔美〕克拉克编《传播与社会影响》，何道宽译，中国人民大学出版社，2005。

7. 〔荷〕简·梵·迪克：《网络社会：新媒体的社会层面》，蔡静译，清华大学出版社，2014。

8. 〔加〕马歇尔·麦克卢汉：《理解媒介：论人的延伸》，何道宽译，译林出版社，2011。

9. 〔英〕莫利、罗宾斯：《认同的空间：全球媒介、电子世界景观和文化边界》，司艳译，南京大学出版社，2001。

10. 〔英〕丹尼斯·麦奎尔：《受众分析》，刘燕南、李颖、杨振荣译，中国人民大学出版社，2006。

11. 〔英〕尼克·库尔德利：《媒介、社会与世界：社会理论与数字媒介实践》，何道宽译，复旦大学出版社，2014。

12. 〔英〕韦伯斯特：《信息社会理论》，曹晋等译，北京大学出版社，2011。

13. 〔英〕维克托·迈尔-舍恩伯格、肯尼思·库克耶：《大数据时代：生活、工作与思维的大变革》，盛杨燕、周涛译，浙江人民出版社，2013。

14. 〔英〕亚当·斯密：《道德情操论》，蒋自强等译，商务印书馆，1997。

15. 〔英〕詹姆斯·柯兰、娜塔莉·芬顿、德斯·弗里德曼：《互联网的误读》，何道宽译，中国人民大学出版社，2014。

中文期刊类：

1. 安娜、林建成：《人工智能在网络舆情治理中的现实问题与应对策略》，《思想理论教育》2020年第12期。

2. 白显良：《论隐性思想政治教育的受教特性》，《学校党建与思想教育》2013年第22期。

3. 毕红梅、李婉玉：《受众理论视阈下提升社会主义核心价值观接受的有效性》，《广西社会科学》2016年第4期。

4. 陈华巍、王贵新、刘国军：《新媒体视域下大学生思想政治教育有效路径论析》，《思想教育研究》2016年第3期。

5. 陈卓：《新媒体时代网络思想政治教育的特性分析——基于新制度主义的视角》，《当代教育科学》2018 年第 3 期。

6. 程仕波、熊建生：《论思想政治教育获得感》，《思想教育研究》2017 年第 7 期。

7. 崔健、刘雨思：《习近平新时代中国特色社会主义思想"三进"的战略思考》，《思想理论教育导刊》2019 年第 4 期。

8. 董杰：《灌输与接受：现代思想政治教育学的基本范畴》，《中南民族大学学报》（人文社会科学版）2012 年第 6 期。

9. 冯达成、黄光云：《社会主义核心价值体系贯穿于大学生思想政治教育全过程的接受机制探析》，《学术论坛》2013 年第 7 期。

10. 冯刚、王莹：《时代新人培育的内在要求与实现路径》，《中国高等教育》2020 年第 23 期。

11. 冯刚：《互联网思维与思想政治教育创新发展》，《学校党建与思想教育》2018 年第 3 期。

12. 冯刚：《增强高校思想政治工作的文化力量》，《思想理论教育》2017 年第 7 期。

13. 付安玲、张耀灿：《数字化参与文化视域下思想政治教育的功能优化》，《思想教育研究》2020 年第 8 期。

14. 高祥、谢晓娟：《短视频传播背景下思想政治教育话语转换路径探析》，《教育评论》2021 年第 5 期。

15. 高雨蒙、李庆华：《大学生思想政治教育感染力提升路径研究》，《思想政治教育研究》2018 年第 2 期。

16. 巩倩倩：《新媒体条件下思想政治教育有效性探究——基于传统与现代相融合的视角》，《当代教育与文化》2018 年第 5 期。

17. 曾令辉：《论新媒体环境下思想政治教育主客体关系融合性》，《思想政治教育研究》2019 年第 5 期。

18. 张宝君、孙志林：《智媒时代高校微空间思想政治教育的审视与创优》，《思想理论教育》2021 年第 2 期。

19. 张健：《新媒体环境下大学生接受思想政治教育的特点与教育对策》，《黑龙江高教研究》2019 年第 7 期。

20. 张鲲：《新时代"时代新人"之主体性建构》，《思想教育研究》2018 年第 10 期。

21. 张耀灿：《推进思想政治教育学科创新发展的若干思考》，《思想理论教育》2017 年第 7 期。

22. 张瑜、杨曼曼：《"快闪"的青年文化特征及其思想政治教育运用》，《中国青年社会科学》2021 年第 1 期。

23. 朱清河：《中国共产党"党管媒体"的历史回溯与未来展望》，《青年记者》2021 年第 12 期。

24. 赵浚、张澍军：《大数据思想政治教育的"源""流""本"》，《理论月刊》2018 年第 9 期。

25. 赵联飞：《互联网鸿沟形成机制的代际差异——"70 后""80 后""90 后"互联网参与实证研究》，《当代青年研究》2019 年第 1 期。

26. 赵庆寺：《现代信息技术与高校思政课深度融合的异化及其超越》，《学术论坛》2018 年第 5 期。

27. 朱诚蕾、骆郁廷：《论网络思想政治教育话语魅力的生成》，《思想教育研究》2020 年第 9 期。

28. 徐永赞：《接受理论视野下思想政治教育接受规律及模式选择》，《河北师范大学学报》（哲学社会科学版）2012 年第 4 期。

29. 张志永：《论"接受"的本质》，《江西社会科学》1990 年第 3 期。

30. 黄世虎：《论思想政治教育的接受机制》，《求实》2001 年第 5 期。

31. 路杨：《论思想政治教育的接受机制》，《江汉论坛》2004 年第 10 期。

32. 刘居安：《论思想政治教育接受主体动力系统的结构及其管理》，《学校党建与思想教育》2004 年第 9 期。

33. 潘立勇、徐永赞：《思想政治教育接受过程的动力机制》，《教学与管理》2009 年第 33 期。

34. 曹蓉玫：《思想政治教育接受心理障碍及对策研究》，《求实》2007 年第

6 期。

35. 马奇柯：《兴奋与抑制：思想政治教育接受机制》，《江汉论坛》2007 年第 2 期。

36. 陈卓、刘和忠、王冬云：《思想政治教育接受过程规律研究》，《东岳论丛》2010 年第 7 期。

37. 赵志华、徐永赞：《论思想政治教育的接受规律》，《河北学刊》2007 年第 3 期。

38. 徐启东：《大学生思想政治教育接受的障碍及对策分析》，《思想教育研究》2012 年第 4 期。

39. 林楠：《高校思想政治教育接受心理障碍探析》，《学校党建与思想教育》2004 年第 5 期。

40. 唐昆雄、郭蕊：《受众理论视角下的大学思想政治教育接受过程优化途径分析》，《毛泽东邓小平理论研究》2010 年第 8 期。

41. 汤新华：《思想政治教育接受过程的特殊性与教育方法创新》，《探索》2002 年第 5 期。

42. 韦冬雪、彭俊桦：《论大学生思想政治教育接受过程环节的优化》，《广西师范大学学报》（哲学社会科学版）2011 年第 2 期。

43. 陈娱：《论思想政治教育中的客体、环体和介体的情感因素》，《科学社会主义》2009 年第 3 期。

44. 熊建生、万佳妮：《试论思想政治教育接受过程中的情感效应》，《学校党建与思想教育》2006 年第 7 期。

45. 柳延延：《科学在当代的处境》，《哲学研究》2003 年第 1 期。

46. 倪红燕：《我军开展思想政治教育的历史经验及启示》，《军队政工理论研究》2007 年第 6 期。

47. 李俊伟：《理论的基本效能与理论武装群众的基本路径分析》，《中共中央党校学报》2013 年第 1 期。

48. 余仰涛：《关于大学生思想政治教育的接受规律的探讨》，《学校思想教育》1991 年第 1 期。

49. 李荣汉、邓晨光：《思想政治教育接受规律探究》，《牡丹江师范学院学报》（哲学社会科学版）2008 年第 5 期。

50. 高卫国：《基于接受视角下的大学生思想政治教育研究》，《学校党建与思想教育》2009 年第 8 期。

51. 谭丙华、柯文进：《思想政治教育接受的运行分析》，《思想教育研究》2015 年第 4 期。

52. 孙宇、高庆昆：《马克思人学视域下的思想政治教育接受规律》，《教育学术月刊》2012 年第 3 期。

53. 姚劲超：《论情感意志因素在认识过程中的作用》，《文史哲》1988 年第 4 期。

54. 李伟博：《新媒体时代思想政治教育面临的挑战与思考》，《党史博采（理论）》2012 年第 20 期。

55. 王学风：《论多元文化环境下高校思想政治教育的改革》，《科学社会主义》2006 年第 2 期。

56. 温彭年、贾国英：《建构主义理论与教学改革——建构主义学习理论综述》，《教育理论与实践》2002 年第 5 期。

57. 陈超、姜华：《新时期社会思潮影响青年的趋向与应对》，《中国青年研究》2013 年第 5 期。

58. 李芳云、张世欣：《论思想政治教育的接受机理与接受过程》，《探索》2004 年第 4 期。

59. 赵凤伟、刘新全：《思想政治教育接受的前提探析》，《安徽师范大学学报》（人文社会科学版）2013 年第 3 期。

60. 项久雨：《利益·情感·精神：个体第一需要与德育认同的三重逻辑》，《南京师大学报》（社会科学版）2021 年第 4 期。

61. 吴琼、林冬芳：《短视频时代思想政治教育话语面临的挑战与进路》，《思想理论教育》2021 年第 10 期。

62. 陈学来、夏欣欣、朱纯辉：《自觉遵循教育接受规律　增强基层思想政治教育效果》，《军队政工理论研究》2005 年第 3 期。

63. 刘月珍：《大学生社会主义核心价值体系教育实效性探析》，《教育探索》2008 年第 12 期。

64. 余习勤、刘先锐：《思想政治教育接受主体"态度定势"的转换与建构》，《学校党建与思想教育》2014 年第 12 期。

65. 喻国明、杨颖兮：《接触、时段、场景：中国人媒介使用全景素描——基于"2019 全国居民媒介使用与媒介观调查"的分析》，《新闻记者》2020 年第 4 期。

66. 喻国明等：《"个人被激活"的时代：互联网逻辑下传播生态的重构——关于"互联网是一种高维媒介"观点的延伸探讨》，《现代传播（中国传媒大学学报）》2015 年第 5 期。

报纸文章类：

1. 《中共中央关于党的百年奋斗重大成就和历史经验的决议》，《人民日报》2021 年 11 月 17 日，第 1 版。

2. 《坚持正确方向创新方法手段　提高新闻舆论传播力引导力》，《人民日报》2016 年 2 月 20 日，第 1 版。

3. 习近平：《青年要自觉践行社会主义核心价值观——在北京大学师生座谈会上的讲话》，《人民日报》，2014 年 5 月 4 日，第 1 版。

4. 《胸怀大局把握大势着眼大事　努力把宣传思想工作做得更好》，《人民日报》2013 年 8 月 21 日，第 1 版。

5. 《人世间的美好梦想，只有通过诚实劳动才能实现》，《中国青年报》2013 年 4 月 29 日，第 1 版。

6. 《用新时代中国特色社会主义思想铸魂育人　贯彻党的教育方针落实立德树人根本任务》，《人民日报》2019 年 3 月 19 日，第 1 版。

7. 习近平：《在哲学社会科学工作座谈会上的讲话》，《人民日报》2016 年 5 月 19 日，第 2 版。

8. 《把思想政治工作贯穿教育教学全过程　开创我国高等教育事业发展新局面》，《光明日报》2016 年 12 月 9 日，第 1 版。

9. 习近平：《在纪念孙中山先生诞辰 150 周年大会上的讲话》，《人民日报》2016 年 11 月 12 日，第 2 版。

10. 《敏锐抓住信息化发展历史机遇 自主创新推进网络强国建设》，《人民日报》2018 年 4 月 22 日，第 1 版。

11. 《举旗帜聚民心育新人兴文化展形象 更好完成新形势下宣传思想工作使命任务》，《人民日报》2018 年 8 月 23 日，第 1 版。

12. 《推动媒体融合向纵深发展 巩固全党全国人民共同思想基础》，《人民日报》2019 年 1 月 26 日，第 1 版。

13. 《全面提高依法防控依法治理能力 为疫情防控提供有力法治保障》，《人民日报》2020 年 2 月 6 日，第 1 版。

14. 《中办国办印发〈关于加强网络文明建设的意见〉》，《人民日报》2021 年 9 月 15 日，第 1 版。

15. 《深化新时代学校思想政治理论课改革创新》，《人民日报》2019 年 8 月 15 日，第 1 版。

16. 《习近平出席中央政法工作会议并发表重要讲话》，《人民日报》2014 年 1 月 9 日，第 1 版。

17. 《加强和改进新形势下高校宣传思想工作》，《人民日报》2015 年 1 月 20 日，第 1 版。

学位论文类：

1. 李淑娜：《大学生网络思想政治教育接受机制研究》，博士学位论文，中国地质大学，2017。

2. 连晓龙：《网络思想政治教育发生研究》，博士学位论文，华东师范大学，2021。

3. 牛凤燕：《全媒体时代马克思主义传播机制优化研究》，博士学位论文，山东大学，2020。

4. 张瑞敏：《大数据背景下高校思想政治教育创新研究》，博士学位论文，华东师范大学，2020。

5. 朱强：《思想政治教育环境变化对人的思想和行为的影响研究》，博士学位论文，电子科技大学，2017。

6. 张洪春：《少数民族思想政治教育接受过程研究》，博士学位论文，中南大学，2010。

7. 徐永赞：《思想政治教育接受过程研究》，博士学位论文，吉林大学，2006。

8. 赛宗宝：《面向新世纪军队政治教育改革与发展问题研究》，博士学位论文，国防大学，2000。

9. 刘雪梅：《当代大学生思想政治教育接受心理优化策略研究》，硕士学位论文，南京财经大学，2012。

10. 王丽荣：《思想政治教育接受心理研究》，博士学位论文，吉林大学，2009。

11. 刘新全：《思想政治教育接受行为研究》，博士学位论文，中国矿业大学，2013。

12. 陈晓燕：《思想政治教育可接受性的心理学研究》，硕士学位论文，山东大学，2006。

13. 黄玲：《思想政治教育接受机制研究》，硕士学位论文，首都师范大学，2013。

14. 彭俊桦：《大学生思想政治教育接受过程优化探析》，硕士学位论文，广西师范大学，2011。

15. 刘烨：《现代思想政治教育过程研究》，博士学位论文，武汉大学，2004。

16. 田沁杍：《大学生思想政治教育接受心理研究》，硕士学位论文，渤海大学，2018。

17. 纪舒洋：《网络社会大学生思想政治教育心理认同研究》，硕士学位论文，东北石油大学，2019。

18. 王月：《大学生思想政治教育接受心理研究》，硕士学位论文，东北林业大学，2015。

19. 张正敏：《大学生思想政治教育有效接受研究》，硕士学位论文，西南大学，2018。

20. 梁琳琳：《"00后"大学生思想政治教育研究》，硕士学位论文，大连海事大学，2020。

后 记

　　书稿至此，感慨良多，些许话语，后记叙之。思想政治教育学科化建设的时间并不长，区区 40 余载，然而在实践层面，可以说，自有人的历史就有思想政治教育。

　　如果将所有的枝枝蔓蔓清除干净，思想政治教育又是什么？我想实质是人对人的一种说服，当然在不同的语境下会有不同的表达，如灌输、统治、教育，诸如此类。马克思主义诞生之前，几乎全部政治理论都是为少数人谋利益的学理设计，尽管在这些理论的观照下，不乏承平盛世出现，但不能否认，其根子是为非正义唱赞歌。

　　《共产党宣言》的发表标志马克思主义的诞生，其追求人类终极正义，抛弃一切狭隘性的东西、一切自私自利的观念，正如未来世界的指路明灯，尽管资本主义还在用其破烂的遮羞布掩盖罪恶，但马克思主义像幽灵一样在两个半球游荡，已经让很多人颤抖。马克思主义与中国工人运动的结合，使中国共产党孕育而生。自此，马克思主义在中华大地显示出其魅力，中国共产党人将马克思主义同中国具体实际相结合、同中华优秀传统文化相结合，创造性地发展马克思主义，形成了中国化的马克思主义。思想政治教育的一项重要任务就是要推进马克思主义大众化，这是一项崇高而伟大的事业。毋庸置疑，历史上、现实中，有许许多多、真真假假、形态各异的马克思主义者，教条主义者有之，追名逐利者有之，口是心非者有之，如此等等。我想思想政治教育学人在内心深处首先应是一名真正的马克思主义者。

　　这本书是在我博士学位论文的基础上修改完成的，距离 2016 年博士学位论文成稿已有不少年头，当时的心情今天已无法体会，遂保留了本来面貌，以作留念。

考博备战的情境还历历在目，抱着数月大的儿子记忆单词，蜗居装工院的小屋复习课程……而今论文付梓、夜不能寐，不知道带着一种什么样的心情书写论文的致谢部分。

13年前，第一次离开家乡，开启了我的大学生涯。13年间，求学的地方由北向南、由南到北，一趟趟南来北往的列车见证了我的漫漫求学路。6年前，硕士毕业北上北京在一所军校开始了人生第一份工作。北京，是一个让人爱恨交加的地方。它包容厚重，承载着无数年轻人的梦想；它冷漠无情，诠释着诸多年轻人的无奈。参加工作后不久，父亲生病、儿子落户，诸多常规的问题夹带着极具特色的无奈，让我逐渐认清形势。我想，有时无奈也是催人前进的利器，形势所迫使我不得不重启读博的梦想。但对我而言，还没有积淀好读博的精力和金钱，学习期间有了"世间首要属觅食，燕雀低飞筑巢疾，人生几多无奈事，忙却偷闲圣书习"的无奈之情。

春去秋来，看着自己的成长，忍不住想起给我帮扶、陪我左右的良师益友。没有你们的关心和相助，我很难立足于此，恐难学业顺成。衷心感谢导师柯文进教授，柯老师严谨的治学态度、高尚的人格操守，让学生终身学习。柯老师渊博的学识、敏捷的思维、极易捕捉要旨的表达能力，让学生敬佩不已。师者，榜样也。能得到柯老师的指导是学生一生的荣幸，学生定以老师为榜样，学习不止、奋斗不息。衷心感谢中国矿业大学（北京）思想政治教育学院导师组田霞教授、李妍教授、陈勇教授、桂翔教授、苏杭教授，学生课程的学习、思考，论文的开题、答辩，受益于老师的教诲和指导，一并表示感谢。

衷心感谢西南大学黄蓉生教授，学生做学问的方法和思路，很多得益于黄老师的指导和点拨。衷心感谢德州学院朱秀英教授，学生从学业的入门到考研的举荐，得益于朱教授的教诲和帮助。衷心感谢装甲兵工程学院金国栋教授，我与教授是忘年交，工作和读书期间，金教授在生活和学习上给予了太多的关心、帮助和支持。借此之际，深表感谢！

　　衷心感谢一起为学业、论文奋斗的同窗好友，学习、生活中有了你们的陪伴所以不再孤单，能够成为你们的同学是我一生的幸福。

　　一路走来，我的家人一如既往地给予了我无私的关心、支持和鼓励，给了我前行奋进的力量。一生务农的父母告诫我要好好学习，成为一个对国家、对社会有用的人。妻子王琳与我风雨同舟、默默支持，在论文的数据处理方面给予指导和帮助。作为心理咨询师，她用强大的内心力量注解挫折和困难，用有效的积极行为追逐幸福和梦想。儿子谭诚的健康成长让我得以安心学习，他的超常语言表达能力常常给我带来惊喜。你们的健康、快乐、幸福是我美好的追求。论文付梓之际，父亲已离我而去，谨以此文告慰父亲！

谭丙华

2024 年 10 月 25 日

图书在版编目（CIP）数据

新时代大学生思想政治教育接受过程研究／谭丙华
著 .--北京：社会科学文献出版社，2025.7.--（中
国劳动关系学院青年学者文库）.--ISBN 978-7-5228
-5336-9

Ⅰ.G641

中国国家版本馆 CIP 数据核字第 2025VB0434 号

中国劳动关系学院青年学者文库
新时代大学生思想政治教育接受过程研究

著　　者／谭丙华

出 版 人／冀祥德
责任编辑／王玉山　李艳芳
文稿编辑／赵一琳
责任印制／岳　阳

出　　版／社会科学文献出版社·生态文明分社（010）59367143
　　　　　地址：北京市北三环中路甲 29 号院华龙大厦　邮编：100029
　　　　　网址：www.ssap.com.cn
发　　行／社会科学文献出版社（010）59367028
印　　装／三河市东方印刷有限公司

规　　格／开　本：787mm×1092mm　1/16
　　　　　印　张：13.25　字　数：203 千字
版　　次／2025 年 7 月第 1 版　2025 年 7 月第 1 次印刷
书　　号／ISBN 978-7-5228-5336-9
定　　价／98.00 元

读者服务电话：4008918866